J.-F. MALLET

AUTOR DES KULTBUCHS
„SIMPLISSIME"

SIMPLE COOKING

DIE 100 EINFACHSTEN
REZEPTE
MIT FLEISCH & FISCH

J.-F. MALLET

AUTOR DES KULTBUCHS „SIMPLISSIME"

SIMPLE COOKING

DIE 100 EINFACHSTEN REZEPTE MIT FLEISCH & FISCH

Vorwort

Auch wenn ich Freunden manchmal damit auf die Nerven gehe, ich kann es einfach nicht lassen: Wenn ich sie besuche, schaue ich in ihre Kühlschränke. Und es erstaunt mich immer wieder, dass der Inhalt überall mehr oder weniger gleich aussieht. Wir haben ganz offensichtlich eine Vorliebe für Hähnchenbrüste und -keulen, für Steaks, Koteletts und Schnitzel, aber auch für Lamm, Würste, Lachs und Garnelen. Allerdings scheinen uns die Ideen auszugehen, wenn es an die Zubereitung geht: Steaks kommen mit den immer gleichen Pommes auf die Teller, zum Lamm werden in schöner Regelmäßigkeit grüne Bohnen serviert und zu Garnelen fällt uns nichts anderes als Mayonnaise ein. Wie wär's mit ein bisschen frischem Wind in der Küche, kombiniert mit null Aufwand, aber viel Genuss?

Das Konzept heißt: Gutes Essen leicht gemacht oder schlicht **Simple Cooking.** So wie in meinen erfolgreichen *Simplissime*-Kochbüchern mit einfachen und für alle zugänglichen Rezepten. Dafür müssen Sie weder Ihr Einkaufsverhalten ändern, noch Ihre Brieftasche strapazieren, Sie werden gleichzeitig Abfall reduzieren und deshalb ganz nebenbei auch etwas gegen Lebensmittelverschwendung tun. Und jetzt kommt *Ihr* Kühlschrank ins Spiel, denn den sollten wir zuallerst mal „aufräumen". Dieser Kühlschrank umfasst exakt **20 Lieblingsprodukte**, um die sich **100 einfache Rezepte** drehen. Die wiederum kommen mit gerade einmal zwei bis fünf Zutaten aus und bringen ohne wortreiches Brimborium das auf den Punkt, worum es in diesem Buch geht: Simple Cooking und köstliche Gerichte.

Ab heute gilt also: Einfachheit in der Küche bei maximalem Genuss. Happy Simple Cooking!

Simple-Cooking-Tipps

Ein aufgeräumter Kühlschrank

Als ich noch Restaurantkoch war, räumte ich regelmäßig die Kühlräume auf und putzte sie. Heute mache ich das auch mit meinem eigenen Kühlschrank. So weiß ich ganz genau, welche Lebensmittel vorrätig sind und nutze sie alle. Verschwendet wird nichts mehr!

So räume ich meinen Kühlschrank ein

• Ich entferne alle unnötigen Verpackungen, etwa von Produkten, die in Großpackungen verkauft werden.

• Ich räume ältere Lebensmittel nach vorne und Neueinkäufe nach hinten.

• Fleisch und Fisch kommen in den oberen Teil des Kühlschranks, da es in diesem Bereich am kühlsten ist.

• In die Mitte lege ich Wurstwaren, Joghurt, Sahne und Butter (in einer Butterdose, damit sie keine Fremdgerüche annimmt). Auch Käse kommt in die Mitte. Ich packe ihn in eine luftdicht verschlossene Box, damit er, genau umgekehrt zur Butter, keine unangenehmen Gerüche abgeben kann.

• Obst und Gemüse – selbst Kartoffeln – lagere ich unverpackt in der Gemüseschublade unten im Kühlschrank. Frische Kräuter bewahre ich darin in einer luftdicht verschlossenen Dose auf, die mit Küchenpapier ausgelegt ist.

• In der Kühlschranktür verstaue ich Eier sowie angebrochene Gläser beziehungsweise Packungen von Essiggurken, Senf, Sojasauce, Ketchup, Parmesan, geriebenem Käse und Kaffee. Kleiner Trick: Die Packungen lassen sich super mit Wäscheklammern verschließen. Alles, was ich am häufigsten beim Kochen verwende, stelle ich in die entsprechenden Fächer der Kühlschranktür und habe sie so praktischerweise immer schnell zur Hand.

• In das Flaschenfach der Kühlschranktür kommen die Milch- und Saftflaschen. Auch Champagner oder Weißwein halte ich hier immer vorrätig, denn wenn spontaner Besuch kommt, möchte ich gern ein Gläschen anbieten können.

Ansonsten gibt es Lebensmittel, die Sie auf keinen Fall im Kühlschrank aufbewahren sollten, weil andere Nahrungsmittel ihren durchdringenden Geruch annehmen könnten. Dazu gehören Bananen, Knoblauch, Melonen und Zwiebeln.

Achtung: Nehmen Sie Fleisch, Fisch und Eier vor dem Kochen rechtzeitig aus dem Kühlschrank, damit sie auf Raumtemperatur kommen. Das ist wichtig, damit die Garzeitangaben in den Rezepten stimmen. Auch Käse schmeckt besser, wenn er nicht zu kalt ist, und Butter lässt sich leichter streichen.

Und noch etwas: Frische Eier müssen nicht unbedingt in den Kühlschrank, auch Wurzelgemüse wie Kartoffeln, Möhren, Rüben oder Süßkartoffeln nicht. Ich bewahre sie trotzdem darin auf, weil sie kühl gelagert länger halten. Vorausgesetzt natürlich, ich habe Platz für sie im Kühlschrank.

Ein Letztes: Vollreife Früchte gehören nicht in den Kühlschrank, beispielsweise Avocados, Pfirsiche, Aprikosen und Tomaten. Insbesondere dann nicht, wenn sie gerade Saison haben und ohnehin genussreif sind.

Ein perfekter Vorratsschrank für jeden Tag

In meinem Vorratsschrank gibt es immer: Mehl, Nudeln (lange und kurze), Reis und Couscous. Einmal angebrochen, fülle ich sie in luftdicht zu verschließende Behälter um, in denen sie sich gut aufbewahren lassen und jederzeit zum Einsatz kommen können. Auch Zwieback und Cornflakes habe ich immer vorrätig ... sie schmecken nämlich nicht nur zum Frühstück, sondern sind auch beim Kochen häufig sehr nützlich.

Auch ein paar Konserven sind bei mir stets an Bord: Ich komme nicht aus ohne Tomatenmark, passierte und gehackte Tomaten sowie Kokosmilch, und häufig findet sich auch eine kleine Dose grüner Pfeffer.
Bestimmte Gewürze und andere unverzichtbare Dinge habe ich ebenfalls immer im Schrank: Knoblauch-, Curry- und Paprikapulver, Kreuzkümmelsamen, getrockneter Oregano und Thymian, feines Salz, grobes Meersalz, fein und grob gemahlener Pfeffer, außerdem Honig sowie Oliven-, Sonnenblumen- oder Erdnussöl, darüber hinaus Wein-, Balsamico- und Apfelessig.
Und dazu noch: geröstete Erdnüsse, verschiedene Chips sowie Cashewnüsse, die ich zudem vor dem Essen zum Aperitif serviere.

Ein paar Tipps zum Kochen

Braten in der Pfanne: Verwenden Sie eine große (und am besten beschichtete) Pfanne. Fleisch, Fisch oder Gemüse brate ich in sehr heißem Fett an und lasse sie Farbe annehmen, denn das ist es, was ihnen Geschmack verleiht. Danach stelle ich die Hitze kleiner, damit sie durchgaren können, ohne anzubrennen.
Im Backofen: Heizen Sie den Ofen stets gut vor. Ich gare meine Gerichte anschließend immer in der Mitte des Ofens und drehe während des Garens die Ofenform mindestens einmal, da sich die Hitze im Ofen häufig nicht gleichmäßig verteilt.

Mit der Schere schneiden: Kräuter schneide ich mit der Schere fein. Auf diese Weise werden die Blätter nicht wie beim Hacken zerquetscht, und die ätherischen Öle bleiben nicht auf dem Schneidbrett zurück. Außerdem verursacht es weniger Abwasch.
Schalen abreiben: Die Schalen von Zitrusfrüchten (immer Bio-Ware verwenden, da sich Pestizide vor allem an der Schale festsetzen) reibe ich mit einer feinen Käse- oder auch Gemüsereibe ab. Ich fahre dabei immer nur einmal über jede Stelle, damit ich nicht die bittere weiße Haut mit erwische.
Eischnee schlagen: Ich schlage das Eiweiß zusammen mit einer Prise Salz kräftig in einer Schüssel auf, bis es als Eischnee am Schneebesen haften bleibt. Einfacher geht das natürlich mit einem elektrischen Handrührgerät.

AM HERD: WELCHE TEMPERATUR?

90 °C: Regler auf 3	**120 °C: Regler auf 4**	**150 °C: Regler auf 5**
180 °C: Regler auf 6	**210 °C: Regler auf 7**	**240 °C: Regler auf 8**
270 °C: Regler auf 9	**300 °C: Regler auf 10**	

Simple Cooking
Die Kochutensilien

1 Herd mit Backofen

1 Backblech oder Fettpfanne

1 Esslöffel

1 Gabel

1 Zitruspresse

1 Sparschäler

1 Küchenmesser

1 Pfannenwender aus Holz

1 Schneebesen

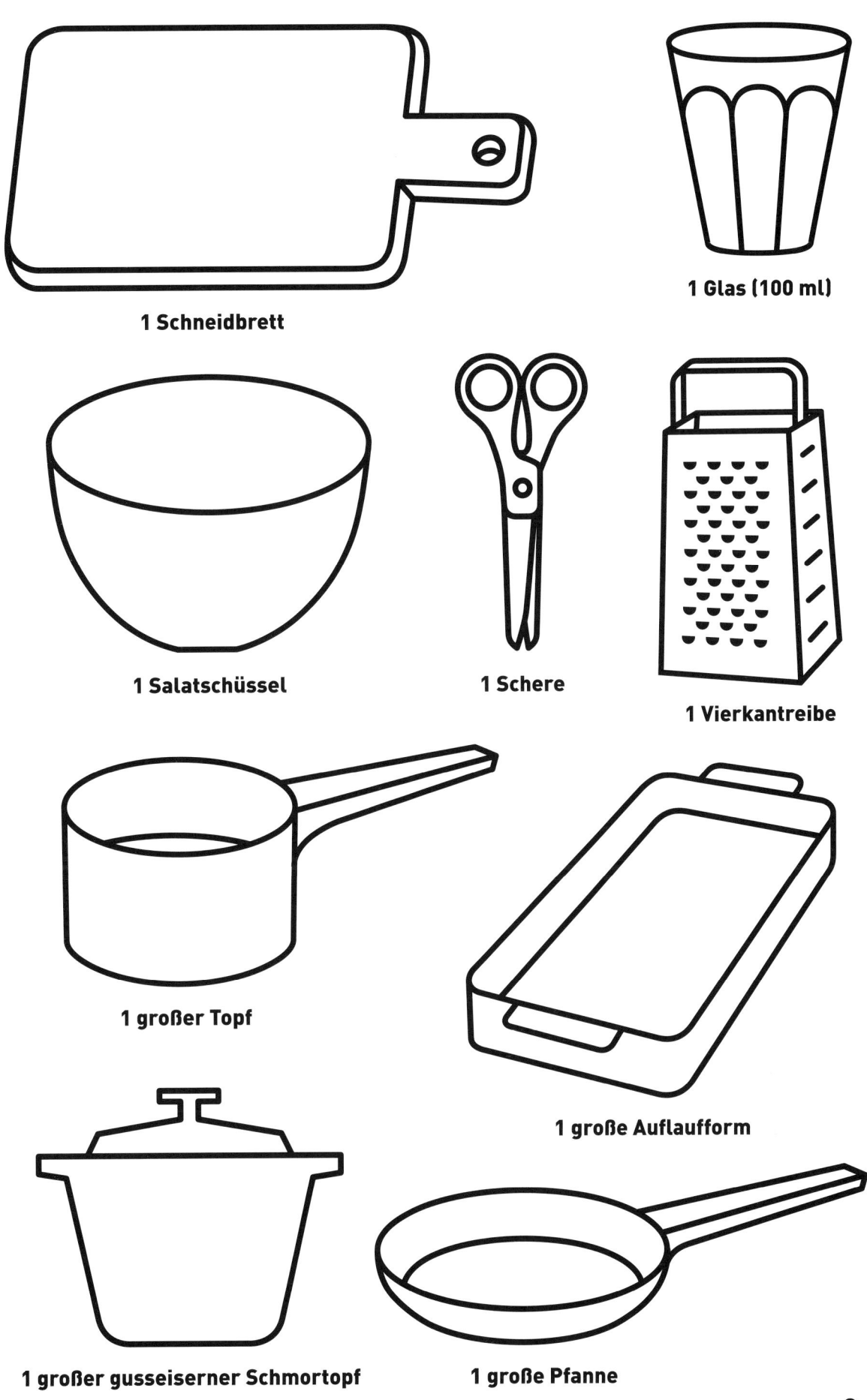

1 Schneidbrett

1 Glas (100 ml)

1 Salatschüssel

1 Schere

1 Vierkantreibe

1 großer Topf

1 große Auflaufform

1 großer gusseiserner Schmortopf

1 große Pfanne

9

20 Lieblingsprodukte
Fleisch, Fisch & Meeresfrüchte

Rindersteak: 200 g pro Person

Rinderhackfleisch: 175 g pro Person

Roastbeef (1 kg): 200 g pro Person

Rinderkotelett (1,2 kg): 300 g pro Person

Lammkeule (1,8 kg): 300 g pro Person

Lammkotelett (Stielkotelett): 2 pro Person

Schweinebraten (900 g): 180 g pro Person

Schweinekotelett (Filet): 180 g pro Person

Schweinekotelett (Nacken): 180 g pro Person

Grobe Bratwurst: 1 pro Person

Dünne Schweinsbratwurst: 2 pro Person

Gekochter Schinken: 1 Scheibe pro Person

Roher Schinken: 1 Scheibe pro Person

Kalbsschnitzel: 180 g pro Person

Putenschnitzel: 180 g pro Person

Ganzes Hähnchen (1,2 kg): 300 g pro Person

Hähnchenkeule: 1 pro Person

Hähnchenbrust: 180 g pro Person

Entenbrust: 200 g pro Person

Lachsfilet: 150 g pro Person

Kabeljaufilet: 150 g pro Person

Garnelen: 5 gekochte Garnelen (mit Kopf und Schale) pro Person

Jakobsmuscheln: 5 große Muscheln pro Person

Geräucherter Lachs: 1 Scheibe pro Person

Rindersteak
SEITE 12

Rinderhackfleisch
SEITE 26

Roastbeef
SEITE 38

Rinderkotelett
SEITE 48

Lammkeule
SEITE 58

Lammkotelett
SEITE 68

Schweinebraten
SEITE 76

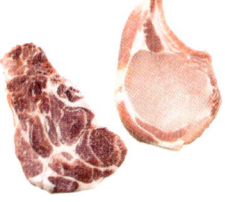

Schweinekotelett
SEITE 84

Würste
SEITE 96

Schinken
SEITE 108

Schnitzel
SEITE 124

Ganzes Hähnchen
SEITE 136

Hähnchenkeule
SEITE 148

Hähnchenbrust
SEITE 160

Entenbrust
SEITE 174

Lachsfilet
SEITE 184

Kabeljaufilet
SEITE 202

Garnelen
SEITE 216

Jakobsmuscheln
SEITE 228

Geräucherter Lachs
SEITE 240

Rindersteak

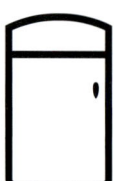

Pfeffersteaks

4 Rindersteaks (je 200 g)

1 EL grob gemahlene schwarze Pfefferkörner

30 g Butter

200 g Sahne

4 EL Whisky (nach Belieben)

2 EL Öl

Für 4 in 5 Min.

- Die **Steaks** mit dem **Pfeffer** würzen und in einer Pfanne in der **Butter** und 2 EL **Öl** auf jeder Seite 30 Sek. anbraten.
- Die Steaks nach Belieben mit **Whisky** flambieren.
- Die **Steaks** auf einen Teller geben. Die **Sahne** in die Pfanne gießen und unter Rühren 2 Min. kochen lassen.
- Die **Steaks** zurück in die Pfanne geben, mit Salz würzen und in der Sahnesauce 30 Sek. erhitzen.

Fertig!

Kurz gebratene Steaks
mit Basilikum

4 Rindersteaks (je 200 g)
1 Bund Basilikum
4 Knoblauchzehen
4 EL süße Sojasauce
4 EL Öl

Für 4 in 10 Min.

• Die **Basilikumblätter** abzupfen. In einer Pfanne die in dünne Scheiben geschnittenen **Steaks** mit dem fein gewürfelten **Knoblauch** in 4 EL **Öl** unter Rühren 1 Min. anbraten.

• Die Pfanne vom Herd nehmen. **Basilikumblätter** und **Sojasauce** in die Pfanne geben, alles mit Salz und Pfeffer würzen und vermischen.

Fertig!

Steaks mit Schalotten

4 Rindersteaks (je 200 g)
10 Schalotten
100 g Butter
3 EL Öl

Für 4 in 20 Min.

• In einer Pfanne die geschälten und in dünne Scheiben geschnittenen **Schalotten** in der **Butter** und 1 EL **Öl** 15 Min. unter Rühren bräunen. Herausnehmen und auf einem Teller beiseitestellen.

• Die **Steaks** in 2 EL **Öl** auf jeder Seite 30 Sek. anbraten, salzen und pfeffern, anschließend die **Schalotten** dazugeben und 1 Min. erhitzen.

Fertig!

Steaks mit Spargel
und grünem Pfeffer

4 Rindersteaks (je 200 g)

12 Stangen grüner Spargel

200 g Sahne

30 g eingelegter grüner Pfeffer

4 EL Öl

Für 4 in 10 Min.

• Die Enden der **Spargelstangen** entfernen, die Stangen in Stücke schneiden.

• Die **Steaks** in dünne Scheiben schneiden. In einer Pfanne den **Spargel** in 4 EL **Öl** 5 Min. von allen Seiten anbraten.

• Die **Steakscheiben** dazugeben und 30 Sek. mitbraten, dann die **Sahne** und die abgetropften **grünen Pfefferkörner** zufügen und alles weitere 30 Sek. erhitzen. Zuletzt mit Salz abschmecken.

Fertig!

Steaks mit
Blauschimmelkäse

4 Rindersteaks (je 200 g)
1 Scheibe Fourme d'Ambert
(franz. Blauschimmelkäse)
200 g Sahne
4 EL Öl

Für 4 in 5 Min

• Die **Steaks** und den **Fourme d'Ambert** in Stücke schneiden.

• In einer Pfanne das **Steakfleisch** in 4 EL **Öl** 1 Min. anbraten. Den **Fourme d'Ambert** und die **Sahne** dazugeben und alles 1 Min. kochen lassen. Anschließend mit Salz und Pfeffer würzen.

Fertig!

Steaks
mexikanisch

4 Rindersteaks (je 200 g)

2 Avocados

1 EL Paprikapulver

1 Bund Koriandergrün

1 EL Kreuzkümmelsamen

4 EL Öl

Für 4 in 10 Min.

- Die **Steaks** gleichmäßig mit dem **Paprikapulver** bestreuen. Das Fruchtfleisch der **Avocados** mit einer Gabel zerdrücken, anschließend den **Kreuzkümmel** untermischen.

- In einer Pfanne die **Steaks** in 4 EL **Öl** auf jeder Seite 30 Sek. anbraten. Die zerdrückten **Avocados** und die abgezupften **Korianderblätter** auf den **Steaks** verteilen und alles mit Salz und Pfeffer würzen.

Fertig!

Rinderhackfleisch

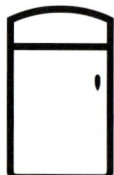

Blätterteigpizza
mit Hackbällchen

700 g Rinderhackfleisch
1 runder Blätterteig (Kühlregal)
100 g geriebener Käse
200 g passierte Tomaten
1 Kugel Mozzarella

Für 4 in 30 Min.

- Den Backofen auf 200° vorheizen.
- Den **Blätterteig** mit dem Backpapier auf einem Backblech entrollen und die **passierten Tomaten** auf dem Teig verstreichen.
- Aus dem **Hackfleisch** 16 Bällchen formen und mit dem klein geschnittenen **Mozzarella** sowie dem **geriebenen Käse** gleichmäßig auf dem Teig verteilen.
- Den Teigrand nach innen falten und die Pizza in 25 Min. im vorgeheizten Ofen goldbraun backen.

Fertig!

Nudeln
mit Hackbällchen

700 g Rinderhackfleisch

350 g Fettuccine (oder andere lange Nudeln)

50 g geriebener Parmesan

1 Dose gehackte Tomaten (400 g)

1 Bund Basilikum

2 EL Olivenöl

Für 4 in 15 Min.

• Das **Hackfleisch** mit den in feine Streifen geschnittenen **Basilikumblättern** und dem **Parmesan** vermischen. Daraus 8 gleich große Fleischbällchen formen.

• Die **Nudeln** nach Packungsanweisung in kochendem Salzwasser garen.

• In einer Pfanne die Fleischbällchen in 2 EL **Olivenöl** 3 Min. anbraten. **Gehackte Tomaten** einrühren und alles 3 Min. kochen lassen. Die abgeseihten **Nudeln** dazugeben, salzen, pfeffern und durchmischen.

Fertig!

Gefüllte Tomaten
mit Basilikum

700 g Rinderhackfleisch

1 Kugel Mozzarella

8 Tomaten

1 Bund Basilikum

2 EL Olivenöl

Für 4 in 25 Min.

- Den Backofen auf 200° vorheizen.
- Von den **Tomaten** oben einen Deckel abschneiden und die Tomaten behutsam entkernen und aushöhlen.
- Das **Hackfleisch** mit dem in kleine Stücke geschnittenen **Mozzarella** und den in feine Streifen geschnittenen **Basilikumblättern** vermischen. Mit Salz und Pfeffer würzen.
- Die **Tomaten** mit der Fleischfarce füllen, mit 2 EL **Olivenöl** beträufeln und 20 Min. im Ofen garen.

Fertig!

Kartoffel-Hack-Auflauf
mit Chipskruste

700 g Rinderhackfleisch

700 g mehligkochende Kartoffeln

150 g Kartoffelchips

200 g passierte Tomaten

2 EL getrockneter Thymian

2 EL Öl

Für 4 in 45 Min.

• Den Backofen auf 200° vorheizen. Die geschälten und in Stücke geschnittenen **Kartoffeln** in kochendem Salzwasser in ca. 20 Min. weich garen. Inzwischen das **Fleisch** in 2 EL **Öl** 5 Min. anbraten, dann **Thymian** und **passierte Tomaten** untermischen. Die **Kartoffeln** mit etwas Kochwasser zerstampfen, salzen und pfeffern.

• Das **Fleisch** in einer Auflaufform verteilen. Mit dem Püree, dann mit den zerkleinerten **Chips** bedecken und andrücken. Den Auflauf 20 Min. im Ofen garen.

Fertig!

Tortillas
mit Rinderhack und Avocado

700 g Rinderhackfleisch

8 Weizentortillas

2 Paprikaschoten

2 Kugeln Mozzarella

2 Avocados

4 EL Olivenöl

Für 4 in 15 Min.

• Den Backofen auf 200° vorheizen.

• Die **Tortillas** auf zwei mit Backpapier belegte Back-bleche legen. Mit den in schmale Streifen geschnittenen **Paprikaschoten**, dem **Hackfleisch** und dem klein geschnittenen **Mozzarella** belegen und die Tortillas im vorgeheizten Ofen 10 Min. garen. Herausnehmen.

• Das in Spalten geschnittene **Avocadofruchtfleisch** auf den Tortillas verteilen, alles mit Salz und Pfeffer würzen und mit 4 EL **Olivenöl** beträufeln.

Fertig!

Roastbeef

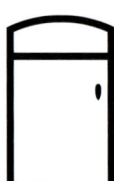

Roastbeef
im Parmesan-Blätterteig-Mantel

1 Roastbeef (1 kg)
100 g geriebener Parmesan
2 EL getrockneter Thymian
2 runde Blätterteige (Kühlregal)
2 EL Öl

Für 4–5 in 40 Min.

• Den Backofen auf 200° vorheizen. Das Fett vom **Roastbeef** entfernen und das Fleisch in 2 EL **Öl** rundherum 5 Min. anbraten. Abkühlen lassen.

• Einen **Blätterteig** mit dem Backpapier auf einem Backblech entrollen, den zweiten ohne Papier darauflegen und mit der Hälfte des **Thymians** und **Parmesans** bestreuen. Das **Roastbeef** salzen und pfeffern und eng in den **Teig** einwickeln. Mit übrigem **Thymian** und **Parmesan** bestreuen und im Ofen 35 Min. garen.

Fertig!

Roastbeef
mit Kräutern der Provence

1 Roastbeef (1 kg)
800 g festkochende Kartoffeln
3 EL getrocknete Kräuter der Provence
11 Knoblauchzehen
8 EL Olivenöl

Für 4–5 in 45 Min.

- Den Backofen auf 200° vorheizen.
- Die **Kartoffeln** waschen und in Spalten schneiden. Auf einem mit Backpapier belegten Backblech mit 4 EL **Olivenöl** und den **Knoblauchzehen** vermischen. Im Ofen 15 Min. backen.
- Die **Kräuter der Provence** mit 4 EL **Olivenöl** verrühren. Das **Roastbeef** mit dem Kräuteröl bestreichen, mit Salz und Pfeffer würzen, auf das Blech zu den Kartoffeln setzen und 30 Min. im Ofen garen.

Fertig!

Roastbeef
mit Basilikumbutter

1 Roastbeef (1 kg)

80 g weiche Butter

1 Bund Basilikum

600 g grüne Erbsen (frisch oder TK)

2 EL Olivenöl

Für 4–5 in 35 Min.

- Den Backofen auf 200° vorheizen.
- In einem gusseisernen Schmortopf das **Roastbeef** in 2 EL **Olivenöl** 2 Min. von allen Seiten anbraten.
- Die **Erbsen**, die Hälfte der abgezupften **Basilikum-blätter** und 100 ml Wasser dazugeben, salzen, pfeffern und alles zugedeckt 20 Min. im Ofen garen.
- Die **Butter** mit den restlichen **Basilikumblät-tern** verkneten, auf dem Roastbeef verteilen und im verschlossenen Topf 2 Min. erhitzen.

Fertig!

BBQ-Roastbeef
mit Süßkartoffelpommes

1 Roastbeef (1 kg)
1 große Süßkartoffel (oder 2 kleine)
1 EL flüssiger Honig
2 EL Ketchup
2 EL Sojasauce
4 EL Öl

Für 4–5 in 35 Min.

- Den Backofen auf 200° vorheizen.
- Den **Honig** mit dem **Ketchup** und der **Soja-sauce** verrühren.
- Das **Roastbeef** auf ein Backblech legen und mit der Honigmischung bestreichen.
- Die **Süßkartoffel** schälen und in dünne Pommes schneiden. Die Pommes um das **Roastbeef** herum verteilen, salzen, pfeffern und mit 4 EL **Öl** beträufeln. Roastbeef und Pommes 30 Min. im Ofen garen.

Fertig!

Rinderkotelett

Rinderkotelett
mit Kräutern
Seite 50

Rinderkotelett
mit Tomaten
Seite 52

Rinderkotelett
der Würzkruste
Seite 54

Rinderkotelett mit
leichter Sauce béarnaise
Seite 56

Rinderkotelett
mit Kräutern

1 Rinderkotelett aus der Hochrippe (1,2 kg)
6 Zweige Rosmarin
4 Zweige Thymian
2 EL Olivenöl

Für 4 in 25 Min.

- Den Backofen auf 200° vorheizen.
- In einer Pfanne das **Rinderkotelett** in 2 EL **Olivenöl** auf jeder Seite 2 Min. anbraten.
- Das Fleisch mit den **Kräutern** in eine Auflaufform legen, mit Salz und Pfeffer würzen und im vorgeheizten Ofen 20 Min. braten, dabei gelegentlich mit dem Bratensaft beträufeln.
- Vor dem Servieren 5 Min. in der Form ruhen lassen, dabei einmal wenden.

Fertig!

Rinderkotelett
mit Tomaten

1 Rinderkotelett aus der Hochrippe (1,2 kg)

20 Kirschtomaten

50 g geriebener Parmesan

1 EL Knoblauchpulver

4 EL Olivenöl

Für 4 in 30 Min.

• Den Backofen auf 200° vorheizen.

• Die **Kirschtomaten** vierteln und mit dem **geriebenen Parmesan** und dem **Knoblauch- pulver** vermischen.

• Das **Rinderkotelett** in eine Auflaufform legen, mit der Tomatenmischung bedecken und mit 4 EL **Olivenöl** beträufeln.

• Mit Salz und Pfeffer würzen und im vorgeheizten Ofen 25 Min. braten.

Fertig!

Rinderkotelett
unter der Würzkruste

1 Rinderkotelett aus der Hochrippe (1,2 kg)

4 Zwiebäcke

1 EL Currypulver

2 EL Senf

1 EL Öl

Für 4 in 30 Min.

• Den Backofen auf 200° vorheizen.

• Den **Senf** mit dem **Currypulver**, 1 EL **Öl** und den zerbröselten **Zwiebäcken** vermischen.

• Das **Rinderkotelett** in eine Auflaufform legen, mit der Bröselmischung bedecken und 25 Min. im vorgeheizten Ofen braten. Mit Salz und Pfeffer würzen.

Fertig!

Rinderkotelett
mit leichter Sauce béarnaise

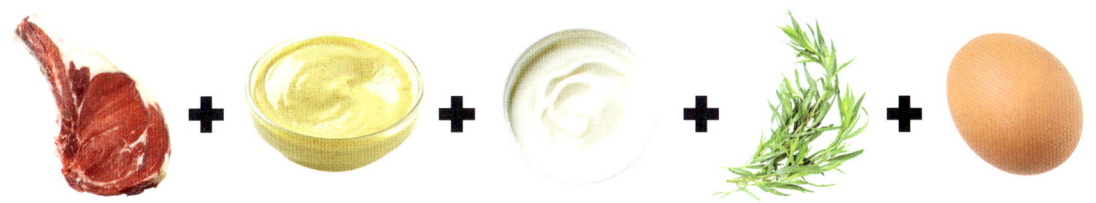

1 Rinderkotelett aus der Hochrippe (1,2 kg)

1 EL Senf

150 g griechischer Joghurt

1 Bund Estragon

1 sehr frisches Ei

1 EL Öl

Für 4 in 35 Min.

- Den Backofen auf 180° vorheizen.

- Das **Rinderkotelett** in eine Auflaufform legen, salzen, pfeffern und mit 1 EL **Öl** beträufeln. Das Fleisch 25 Min. im vorgeheizten Ofen braten.

- Inzwischen das Ei trennen. Das **Eigelb** mit dem **Senf**, dem **Joghurt** und den fein geschnittenen **Estragon-blättern** verrühren. Das **Eiweiß** zu Schnee schlagen und untermischen.

Fertig!

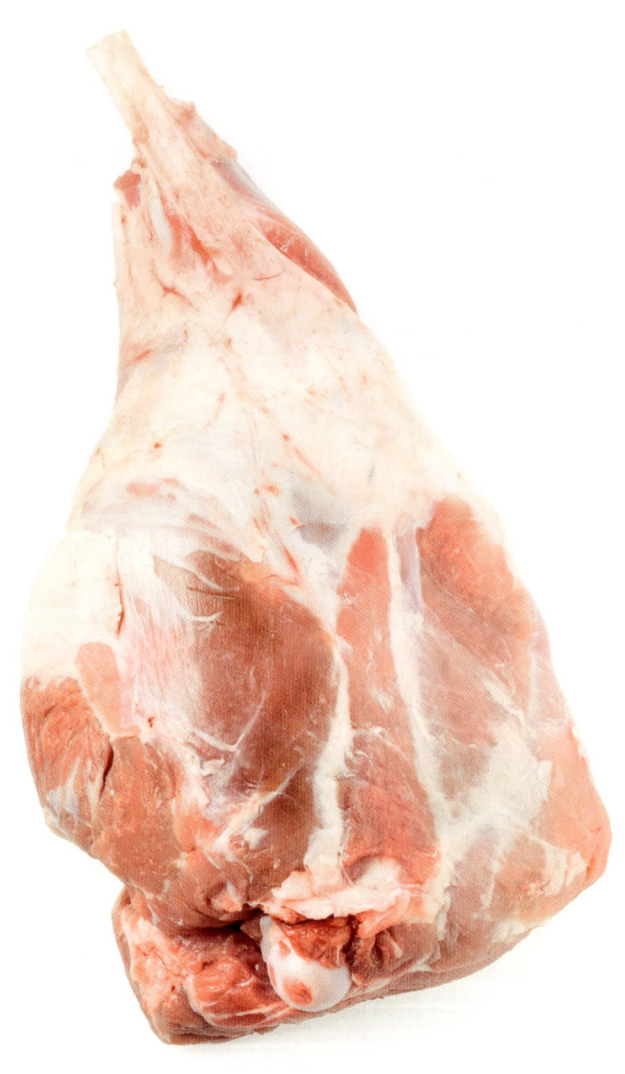

Lammkeule

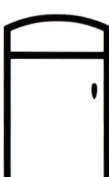

Lammkeulen-Tajine
Seite 60

Würzige Lammkeule aus der Salzkruste
Seite 62

Lammkeule mit knuspriger Petersilienpanade
Seite 64

Lammkeulen-
Tajine

1 Lammkeule mit Knochen (1,8 kg)

2 EL Kreuzkümmelsamen

4 Zitronen

1 Glas entsteinte grüne Oliven (350 g)

6 EL flüssiger Honig

4 EL Olivenöl

Für 5–6 in 4 Std.

• Den Backofen auf 170° vorheizen.

• In einem gusseisernen Schmortopf die **Lammkeule** in 4 EL **Olivenöl** rundherum anbraten. Den **Honig** im heißen Öl karamellisieren lassen, anschließend 1 Liter Wasser zugießen.

• Die geviertelten **Zitronen**, die **Oliven** mit ihrer Flüssigkeit und die **Kreuzkümmelsamen** zufügen.

• Die Lammkeule im verschlossenen Topf 4 Std. im Ofen schmoren. Mit Salz und Pfeffer würzen.

Fertig!

Würzige Lammkeule
aus der Salzkruste

1 Lammkeule mit Knochen (1,8 kg)

600 g grobes Meersalz (am besten franz. Sel gris)

3 Eier

300 g Mehl

2 EL Currypulver

Für 5–6 in 50 Min.

- Den Backofen auf 180° vorheizen.

- In einer Schüssel das **Mehl**, das **Salz**, 100 ml kaltes Wasser, 1 EL **Currypulver** und die verquirlten **Eier** mit den Händen zu einem Teig verarbeiten. Den Teig so ausrollen, dass das Fleisch vollständig darin einge-wickelt werden kann.

- Die **Lammkeule** mit 1 EL **Currypulver** bestreuen und in den Teig wickeln. Im Ofen 45 Min. backen.

- Die Salzkruste aufbrechen.

Fertig!

Lammkeule
mit knuspriger Petersilienpanade

1 Lammkeule mit Knochen (1,8 kg)
1 Bund glatte Petersilie
4 Knoblauchzehen
2 EL Senf
4 Zwiebäcke
2 EL Olivenöl

Für 5–6 in 50 Min.

- Den Backofen auf 180° vorheizen.
- Den **Senf**, die fein geschnittene **Petersilie**, die geschälten und fein gehackten **Knoblauchzehen**, 2 EL **Olivenöl** und die zerbröselten **Zwiebäcke** gleichmäßig vermischen.
- Die **Lammkeule** in eine Auflaufform legen, das Fleisch an mehreren Stellen einschneiden und mit der Petersilienmischung bedecken.
- Im Ofen 45 Min. garen, danach salzen und pfeffern.

Fertig!

Lammkotelett

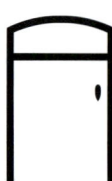

Lammkoteletts
auf orientalische Art
Seite 68

Lammkoteletts
auf dem Kartoffelbett
Seite 70

Lammkoteletts
mit Pfeffer und Minze
Seite 72

Lammkoteletts
mit Currymandeln
Seite 74

Lammkoteletts
auf orientalische Art

8 Stielkoteletts vom Lamm

300 g Couscous (mittelfein)

2 EL Kreuzkümmelsamen

1 kleine Dose Tomatenmark (70 g)

2 Bund Koriandergrün

4 EL Öl

Für 4 in 10 Min.

• Den Backofen auf 200° vorheizen.

• Die **Koteletts** auf beiden Seiten mit 4 EL **Öl** bestreichen, mit dem **Kreuzkümmel** bestreuen, salzen und pfeffern. Im Ofen 10 Min. braten.

• Inzwischen das **Tomatenmark** mit 300 ml Wasser verrühren und aufkochen. Den **Couscous** im heißen Tomatenwasser zugedeckt 5 Min. quellen lassen. Die fein geschnittenen **Korianderblätter** und den Bratensaft der Koteletts untermischen. Auf Tellern anrichten.

Fertig!

Lammkoteletts
auf dem Kartoffelbett

8 Stielkoteletts vom Lamm

800 g mehligkochende Kartoffeln

2 Brühwürfel

3 Bouquets garnis (mit Thymian und Lorbeerblättern)

Für 4 in 1 Std.

- Den Backofen auf 180° vorheizen.
- Die **Brühwürfel** in 1 Liter Wasser geben und das Wasser 1 Min. kochen lassen.
- Die **Kartoffeln** schälen und in feine Scheiben schneiden. Die Kartoffelscheiben in einer Auflaufform auslegen, mit der heißen Brühe übergießen, die **Bouquets garnis** dazugeben und alles salzen und pfeffern.
- Die **Koteletts** auf dem Kartoffelbett anrichten und 1 Std. im Ofen garen.

Fertig!

Lammkoteletts
mit Pfeffer und Minze

8 Stielkoteletts vom Lamm

1 EL grob gemahlene schwarze Pfefferkörner

1 Bund Minze

125 g Rucola

150 g griechischer Joghurt

4 EL Olivenöl

Für 4 in 10 Min.

• Die **Koteletts** mit dem **Pfeffer** würzen und in einer Pfanne in 4 EL **Olivenöl** auf jeder Seite 3 Min. braten.

• Den **Rucola** mit den fein geschnittenen **Minzblättern** und dem **Joghurt** mischen, salzen und pfeffern.

• Den Salat mit den **Koteletts** auf Tellern anrichten.

Fertig!

Lammkoteletts
mit Currymandeln

4 Stielkoteletts vom Lamm

125 g Mandelblättchen

2 EL Currypulver

1 Ei

150 g griechischer Joghurt

Für 4 in 20 Min.

- Den Backofen auf 200° vorheizen.
- Die **Mandelblättchen** mit 1 EL **Currypulver** und dem verquirlten **Ei** vermischen.
- Die **Koteletts** nebeneinander auf ein mit Backpapier belegtes Backblech geben, salzen, pfeffern und mit der Mandelmischung bedecken. 15 Min. im Ofen braten.
- Den **Joghurt** mit 1 EL **Currypulver** verrühren. Die Koteletts mit dem Curryjoghurt anrichten.

Fertig!

Schweinebraten

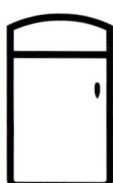

Schweinebraten
in Milch geschmort
Seite 78

Schweinebraten mit
Raclettekäse und Gürkchen
Seite 80

Schweinebraten mit
Honig und Gewürzen
Seite 82

Schweinebraten
in Milch geschmort

1 Schweinebraten (900 g)

1 l Milch

800 g mehligkochende Kartoffeln

3 Bouquets garnis (mit Thymian und Lorbeerblättern)

2 EL Öl

Für 4–5 in 50 Min.

- Den Backofen auf 180° vorheizen.

- In einem gusseisernen Schmortopf den Braten in 2 EL **Öl** rundherum 5 Min. anbraten. Vom Herd nehmen.

- Die geschälten und in Scheiben geschnittenen **Kartoffeln** und die **Bouquets garnis** um den Braten herum verteilen, dann die **Milch** zugießen.

- Alles mit Salz und Pfeffer würzen und ohne Deckel im Ofen 45 Min. braten.

Fertig!

Schweinebraten
mit Raclettekäse und Gürkchen

1 Schweinebraten (900 g)
200 g Raclettekäse (8 Scheiben)
20 Cornichons

Für 4–5 in 50 Min.

- Den Backofen auf 200° vorheizen.
- Die Oberseite des **Bratens** achtmal quer einschneiden. Den **Raclettekäse** und die der Länge nach halbierten **Cornichons** in die Einschnitte verteilen.
- Den **Braten** in eine Auflaufform setzen, mit Salz und Pfeffer würzen, 100 ml Wasser angießen und das Fleisch im Ofen 45 Min. braten, dabei regelmäßig mit dem Bratensaft beschöpfen.

Fertig!

Schweinebraten
mit Honig und Gewürzen

1 Schweinebraten (900 g)

1 EL Currypulver

1 EL Kreuzkümmelsamen

2 EL flüssiger Honig

4 EL Öl

Für 4–5 in 45 Min.

• In einem gusseisernen Schmortopf den **Braten** rundherum in 4 EL **Öl** sowie den **Gewürzen** 2 Min. anbraten. Anschließend den **Honig** und 100 ml Wasser, dazugeben, salzen und pfeffern.

• Das Fleisch zugedeckt bei schwacher Hitze 45 Min. im Ofen garen, dabei gelegentlich mit dem Bratensaft beschöpfen.

Fertig!

Schweinekotelett

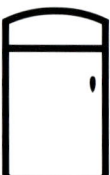

Schweinekoteletts in Tomaten-Gurken-Sauce

Gebratener Reis mit Schweinefleisch und Ingwer

Schweinekoteletts in Senfsauce

Schweinekoteletts karamellisiert

Schweinekoteletts süßsauer

Schweinekoteletts
in Tomaten-Gurken-Sauce

4 Filet- oder Nackenkoteletts vom Schwein (je 180 g)

200 ml Weißwein

200 g passierte Tomaten

2 EL Senf

20 Cornichons

2 EL Öl

Für 4 in 35 Min.

• In einer Pfanne die **Schweinekoteletts** in 2 EL **Öl** von beiden Seiten 5 Min. anbraten.

• Den **Weißwein** mit den **passierten Tomaten** und dem **Senf** verrühren und über die **Koteletts** gießen.

• Die längs in feine Streifen geschnittenen **Cornichons** dazugeben, alles mit Salz und Pfeffer würzen und die Koteletts bei schwacher Hitze 30 Min. garen.

Fertig!

Gebratener Reis
mit Schweinefleisch und Ingwer

4 Filet- oder Nackenkoteletts vom Schwein
(je 180 g)
320 g Jasminreis
2 Bund Basilikum
150 g Ingwer
8 EL süße Sojasauce
4 EL Öl

Für 4 in 20 Min.

- Den **Reis** nach Packungsanweisung garen.
- In einer Pfanne die in Stücke geschnittenen **Schweinekoteletts** mit dem geriebenen **Ingwer** in 4 EL **Öl** bei mittlerer Hitze von beiden Seiten 15 Min. braten.
- Den **Reis**, die fein geschnittenen **Basilikumblätter** und die **süße Sojasauce** unter das Fleisch mischen und alles bei schwacher Hitze 10 Min. weiterbraten, dabei regelmäßig umrühren.

Fertig!

Schweinekoteletts
in Senfsauce

4 Filet- oder Nackenkoteletts vom Schwein (je 180 g)

4 EL Senf

2 EL körniger Senf

330 g Sahne

2 EL Thymian (frisch oder getrocknet)

2 EL Öl

Für 4 in 30 Min.

• In einer Pfanne die **Schweinekoteletts** in 2 EL **Öl** von beiden Seiten anbraten, anschließend bei schwacher Hitze 15 Min. weiterbraten, dabei einmal wenden.

• Beide **Senfsorten**, die **Sahne** und den **Thymian** einrühren, mit Salz und Pfeffer würzen und die Sauce 10 Min. köcheln lassen, dabei die **Koteletts** mehrere Male mit Sauce übergießen.

Fertig!

Schweinekoteletts
karamellisiert

**4 Filet- oder Nackenkoteletts vom Schwein
(je 180 g)
8 EL Sojasauce
4 EL flüssiger Honig**

Für 4 in 45 Min.

• Den Backofen auf 180° vorheizen.

• Die **Schweinekoteletts** nebeneinander in eine Auflaufform legen.

• Die **Sojasauce** mit dem **Honig** verrühren und die **Schweinekoteletts** damit bestreichen. 40 Min. im Ofen braten, dabei die **Koteletts** immer mal wieder mit der Bratenflüssigkeit übergießen.

Fertig!

Schweinekoteletts

süßsauer

**4 Filet- oder Nackenkoteletts vom Schwein
(je 180 g)**

6 EL Ketchup

1 EL Knoblauchpulver

4 Scheiben Ananas in eigenem Saft (Dose)

10 EL Ananassaft (Dose)

Für 4 in 45 Min.

- Den Backofen auf 180° vorheizen.

- Die **Schweinekoteletts** nebeneinander in eine Auflaufform legen und auf jedes Kotelett 1 Scheibe **Ananas** legen. Den **Ketchup** mit dem **Ananassaft** und dem **Knoblauchpulver** verrühren und die **Koteletts** damit bestreichen.

- Mit Salz und Pfeffer würzen und die **Koteletts** 40 Min. im Ofen braten, dabei immer mal wieder mit der Bratenflüssigkeit übergießen.

Fertig!

Würste

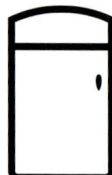

Nudeln mit Würstchen
Seite 98

Würste mit Ingwer und Sesam
Seite 100

Blätterteig mit Äpfeln und Würsten
Seite 102

Gefüllte Auberginen mit Würstchen
Seite 104

Wurstcurry mit Zucchini
Seite 106

Nudeln mit Würstchen

4 dünne rohe Schweinsbratwürste wie z. B. Chipolatas (oder 2 dicke grobe Bratwürste)

400 g Spaghetti (oder andere lange Nudeln)

4 Zweige Rosmarin

200 g passierte Tomaten

2 EL Olivenöl

Für 4 in 15 Min.

• Die **Spaghetti** nach Packungsanweisung in kochendem Salzwasser garen.

• Inzwischen in einer Pfanne die in kleine Stücke geschnittenen **Würste** mit den fein geschnittenen **Rosmarinnadeln** in 2 EL **Olivenöl** von allen Seiten 5 Min. anbraten.

• Die **passierten Tomaten** mit 200 ml Wasser hinzufügen, salzen, pfeffern und alles 5 Min. köcheln lassen.

• Die abgeseihten **Spaghetti** dazugeben, durchmischen und alles mit Salz und Pfeffer würzen.

Fertig!

Würste
mit Ingwer und Sesam

8 dünne rohe Schweinsbratwürste wie z. B. Chipolatas (oder 4 dicke grobe Bratwürste)
2 EL heller Sesam
150 g Ingwer
8 EL süße Sojasauce
2 EL Öl

Für 4 in 15 Min.

• In einer Pfanne die in Stücke geschnittenen **Würste** mit dem geriebenen **Ingwer** in 2 EL **Öl** 10 Min. unter Rühren braten.

• Die **Sojasauce** und den **Sesam** unterrühren und 1 Min. köcheln lassen.

Fertig!

Blätterteig
mit Äpfeln und Würsten

4 dünne rohe Schweinsbratwürste wie z. B. Chipolatas (oder 2 dicke grobe Bratwürste)

1 runder Blätterteig (Kühlregal)

2 EL Senf

2 Äpfel

100 g geriebener Käse

Für 4 in 30 Min.

- Den Backofen auf 200° vorheizen.
- Den **Blätterteig** mit dem Backpapier auf einem Backblech entrollen, den Senf darauf verstreichen und mit den geriebenen **Äpfeln**, den ganzen **Würsten** und dem **geriebenen Käse** belegen.
- Mit Salz und Pfeffer würzen und 25 Min. im vorgeheizten Ofen goldbraun backen.

Fertig!

Gefüllte Auberginen
mit Würstchen

4 dicke grobe Bratwürste (oder 8 dünne rohe
Schweinsbratwürste wie z. B. Chipolatas)
2 große Auberginen
1 Dose gehackte Tomaten (400 g)
50 g geriebener Parmesan
2 EL getrockneter Oregano
4 EL Olivenöl

Für 4 in 1 Std.

- Den Backofen auf 180° vorheizen.
- Die **Auberginen** längs halbieren und die Hälften aushöhlen. Das Fruchtfleisch fein würfeln und mit den in kleine Stücke geschnittenen **Würsten**, den **gehackten Tomaten**, dem **Parmesan** und dem **Oregano** vermischen. Mit Salz und Pfeffer würzen.
- Die ausgehöhlten **Auberginen** nebeneinander in eine Auflaufform setzen, mit der Wurstmischung füllen und mit 4 EL **Olivenöl** beträufeln. Im Ofen 45 Min. backen.

Fertig!

Wurstcurry
mit Zucchini

4 dicke grobe Bratwürste (oder 8 dünne rohe Schweinsbratwürste wie z. B. Chipolatas)
4 große Zucchini
1 Bund Koriandergrün
2 EL Currypulver
4 EL Öl

Für 4 in 20 Min.

• In einem gusseisernen Schmortopf die halbierten **Würste** mit den in grobe Stücke geschnittenen **Zucchini** und dem **Currypulver** in 4 EL **Öl** 5 Min. unter Rühren anbraten.

• 200 ml Wasser zugießen und alles zugedeckt bei schwacher Hitze 15 Min. köcheln lassen.

• Den Topf vom Herd nehmen und das Wurstcurry mit den abgezupften **Korianderblättern** bestreuen.

Fertig!

Schinken

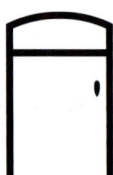

Gebratener Spargel mit Schinken

Gefüllte Feigen mit Schinken

Überbackener Kürbis mit Schinken

Grüne-Erbsen-Pfanne mit Schinken

Überbackener Lauch mit Schinken

Pasta mit Schinken und Raclettekäse

Blätterteig mit Schinken und Käse

Gebratener Spargel
mit Schinken

12 Scheiben roher Schinken
24 Stangen grüner Spargel

Für 4 in 15 Min.

- Den Backofen auf 200° vorheizen.
- Die Enden der **Spargelstangen** großzügig abschneiden. Jede **Spargelstange** mit ½ Scheibe **Schinken** umwickeln.
- Im vorgeheizten Ofen 10 Min. braten.

Fertig!

Gefüllte Feigen
mit Schinken

**4 Scheiben roher Schinken
(oder gekochter Schinken)
150 g Mesclun-Salat (Blattsalatmischung)
16 frische Feigen
200 g Brie
4 EL Olivenöl**

Für 4 in 15 Min.

• Den Backofen auf 200° vorheizen. Den Stielansatz der **Feigen** entfernen, die Früchte kreuzweise tief einschneiden und in eine Auflaufform setzen. Die **Schinkenscheiben** vierteln. In die Mitte jeder Feige 1 geviertelte Scheibe **Schinken** und kleine Würfel des **Brie** geben. Mit Salz und Pfeffer würzen.

• Im vorgeheizten Ofen 10 Min. backen.

• Auf dem **Salat** anrichten und jede Portion mit 1 EL **Olivenöl** beträufeln.

Fertig!

Überbackener Kürbis
mit Schinken

**4 Scheiben roher Schinken
(oder gekochter Schinken)
2 kleine Hokkaido-Kürbisse
1 Camembert
200 g Sahne**

Für 4 in 45 Min.

- Den Backofen auf 200° vorheizen.
- Die **Kürbisse** halbieren und die Kerne entfernen. Jede Kürbishälfte mit **Sahne**, **Schinken** und klein geschnittenem **Camembert** füllen. Mit Pfeffer würzen.
- Die **Kürbishälften** mit einem Stück Backpapier abdecken und im vorgeheizten Ofen 40 Min. backen.

Fertig!

Grüne-Erbsen-Pfanne
mit Schinken

8 Scheiben roher Schinken
600 g junge TK-Erbsen
4 EL Olivenöl

Für 4 in 15 Min.

- In einer Pfanne die geviertelten **Schinkenscheiben** in 4 EL **Olivenöl** bei hoher Hitze 2 Min. braten. Die **Erbsen** dazugeben und mit Salz und Pfeffer würzen.
- Die Hitze reduzieren und 10 Min. unter Rühren garen.

Fertig!

Überbackener Lauch
mit Schinken

**4 Scheiben gekochter Schinken
(oder roher Schinken)
4 mittelgroße Stangen Lauch
100 g geriebener Käse
330 g Sahne**

Für 4 in 50 Min.

• Den Backofen auf 200° vorheizen.

• Die der Länge nach halbierten **Lauchstangen**
3 Min. blanchieren.

• Abtropfen lassen und in eine Auflaufform legen.

• Mit der **Sahne** übergießen, den in Stücke geschnittenen **Schinken** auf dem Lauch verteilen und alles mit
dem **geriebenen Käse** bestreuen.

• Mit Salz und Pfeffer würzen und 45 Min. im vorgeheizten Ofen garen.

Fertig!

Pasta mit Schinken
und Raclettekäse

**4 Scheiben roher Schinken
(oder gekochter Schinken)
300 g Penne (oder andere kurze Nudeln)
200 g Sahne
400 g Raclettekäse**

Für 4 in 35 Min.

• Den Backofen auf 200° vorheizen.

• Die **Penne** nach Packungsanweisung in kochendem Salzwasser garen. Die abgeseihten **Nudeln** in einer Auflaufform mit dem in Stücke geschnittenen **Schinken** und dem klein geschnittenen **Käse** sowie der **Sahne** vermischen und mit Salz und Pfeffer würzen.

• Im vorgeheizten Ofen 25 Min. garen.

Fertig!

Blätterteig
mit Schinken und Käse

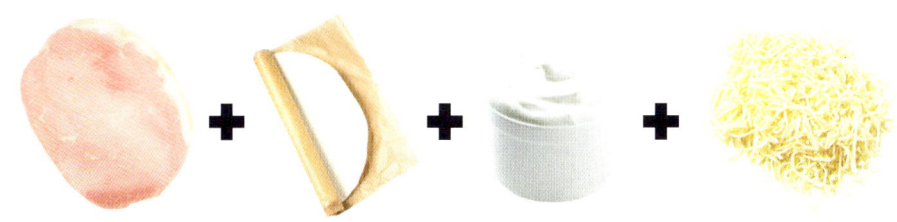

4 Scheiben gekochter Schinken
(oder roher Schinken)
1 runder Blätterteig (Kühlregal)
200 g Crème fraîche
200 g geriebener Käse

Für 4 in 30 Min.

• Den Backofen auf 200° vorheizen.

• Eine runde Kuchenform mit dem **Blätterteig** auskleiden, den Teigrand nach innen falten. Die mit dem **geriebenen Käse** vermischte **Crème fraîche** auf dem **Blätterteig** verstreichen und den Teig mit dem in Stücke geschnittenen **Schinken** belegen.

• Mit Salz und Pfeffer würzen und 25 Min. im vorgeheizten Ofen backen.

Fertig!

Schnitzel

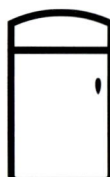

Schnitzel
mit Spargel

Seite 126

Schnitzel
à la Stroganoff

Seite 128

Panierte Schnitzel

Seite 130

Schnitzelrouladen
à la Caprese

Seite 132

Schnitzel
im Sesammantel

Seite 134

Schnitzel mit Spargel

4 dünne Kalbsschnitzel (oder Putenschnitzel)
24 Stangen grüner Spargel
2 EL Mehl
6 EL Olivenöl

Für 4 in 10 Min.

• Die **Schnitzel** in schmale Streifen schneiden.
Die Enden der **Spargelstangen** großzügig entfernen,
die Stangen in kleine Stücke schneiden.

• Beides mit dem **Mehl** bestäuben. In einer Pfanne die
Schnitzel und den **Spargel** in 6 EL **Olivenöl** 5 Min.
unter Rühren braten, dann mit Salz und Pfeffer würzen.

Fertig!

Schnitzel
à la Stroganoff

4 dünne Kalbsschnitzel (oder Putenschnitzel)
500 g Champignons
25 g Butter
380 g Crème fraîche
1 EL Öl

Für 4 in 20 Min.

• In einer Pfanne die **Schnitzel** in der **Butter** und 1 EL **Öl** in 5 Min. braun anbraten.

• Die in Scheiben geschnittenen **Champignons** dazugeben und 5 Min. mitbraten.

• Die **Crème fraîche** einrühren, alles salzen und pfeffern und bei schwacher Hitze 10 Min. köcheln lassen.

Fertig!

Panierte Schnitzel

4 Kalbs- oder Putenschnitzel (flach geklopft)

2 Eier

12 Zwiebäcke

50 g geriebener Parmesan

1 Zitrone

2 EL Olivenöl

Für 4 in 30 Min.

• Den Backofen auf 200° vorheizen. Die sehr fein zerbröselten **Zwiebäcke** mit dem geriebenen **Parmesan** mischen.

• Die **Schnitzel** nacheinander zuerst durch die verquirlten **Eier** ziehen, dann in den Zwieback-Parmesan-Bröseln wenden.

• Auf ein mit Backpapier belegtes Backblech geben, salzen, pfeffern, mit 2 EL **Olivenöl** beträufeln und im Ofen 25 Min. backen. Mit **Zitronenvierteln** anrichten.

Fertig!

Schnitzelrouladen
à la Caprese

4 Kalbs- oder Putenschnitzel (flach geklopft)
1 große Tomate
1 Kugel Mozzarella
1 Bund Basilikum
2 EL Olivenöl

Für 4 in 25 Min.

- Den Backofen auf 180° vorheizen.

- Die **Tomate** und den **Mozzarella** jeweils vierteln. Die Blätter des **Basilikums** abzupfen. In die Mitte von jedem **Schnitzel** 1 Stück **Tomate**, 1 Stück **Mozzarella** und **Basilikumblätter** geben, dann die **Schnitzel** aufrollen, mit Salz und Pfeffer würzen und mit Holz- spießchen fixieren.

- Nebeneinander in eine Auflaufform setzen, mit 2 EL **Olivenöl** beträufeln und im Ofen 20 Min. braten.

Fertig!

Schnitzel
im Sesammantel

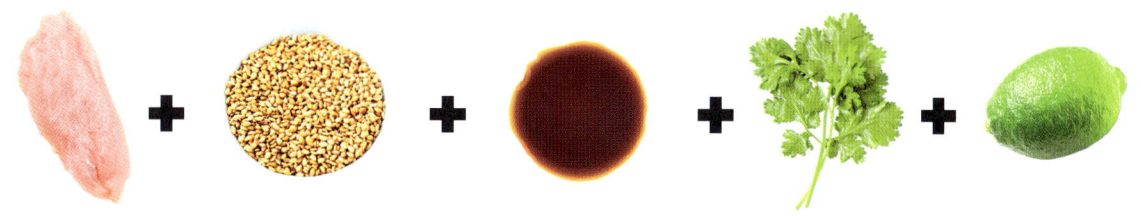

4 Putenschnitzel (oder Kalbsschnitzel)
10 EL heller Sesam
10 EL gesüßte Sojasauce
1 Bund Koriandergrün
1 Limette

Für 4 in 25 Min.

• Den Backofen auf 200° vorheizen.

• Die **Schnitzel** im **Sesam** panieren und nebeneinander auf ein mit Backpapier belegtes Backblech geben.

• Die **Schnitzel** mit 5 EL **Sojasauce** beträufeln, mit Salz und Pfeffer würzen und 20 Min. im Ofen garen.

• Mit den abgezupften **Korianderblättern**, der restlichen **Sojasauce** und **Limettenvierteln** anrichten.

Fertig!

Ganzes Hähnchen

Thymianhähnchen aus dem Ofen
Seite 138

Hähnchen aus der Salzkruste
Seite 140

Pochiertes Hähnchen in exotischer Brühe
Seite 142

Brathähnchen mit Estragon
Seite 144

Baskisches Hähnchen aus dem Schmortopf
Seite 146

Thymianhähnchen
aus dem Ofen

1 Hähnchen (1,2 kg)

4 dicke Scheiben Landbrot

8 Knoblauchzehen

4 Schalotten

3 Bouquets garnis
(mit Thymian und Lorbeerblättern)

3 EL Olivenöl

Für 4–5 in 1 Std.

• Den Backofen auf 180° vorheizen.

• Das **Hähnchen** in einer Auflaufform auf die **Brot-scheiben** legen. **Knoblauchzehen**, **Schalotten** und die **Bouquets garnis** um das Hähnchen herum verteilen.

• Mit 3 EL **Olivenöl** beträufeln und mit Salz und Pfeffer würzen.

• Im Backofen 1 Std. braten.

Fertig!

Hähnchen
aus der Salzkruste

1 Hähnchen (1,2 kg)

1 kg grobes Meersalz (am besten franz. Sel gris)

3 Eier

300 g Mehl

5 Zweige Rosmarin

Für 4–5 in 1 Std. 10 Min.

- Den Backofen auf 170° vorheizen.
- Das **Salz** mit dem **Mehl**, den fein geschnittenen Nadeln des **Rosmarins** und den verquirlten **Eiern** mischen und zu einem homogenen Teig verarbeiten.
- Den Teig so ausrollen, dass das **Hähnchen** vollständig darin eingewickelt werden kann, und das Hähnchen in der Salzkruste 1 Std. im Ofen garen.
- Die Salzkruste aufbrechen, das **Hähnchen** tranchieren und mit Pfeffer würzen.

Fertig!

Pochiertes Hähnchen
in exotischer Brühe

1 Hähnchen (1,2 kg)
4 Stängel Zitronengras
2 süße Zwiebeln
100 g Ingwer
5 Zweige Thymian

Für 4–5 in 1 Std.

• Das **Hähnchen** in einen großen Topf geben und den in Scheiben geschnittenen **Ingwer**, die der Länge nach halbierten **Zitronengrasstängel**, die geschälten und gewürfelten **Zwiebeln** und den **Thymian** hinzufügen.

• Die Zutaten mit Wasser bedecken, salzen und pfeffern. Aufkochen, dann zugedeckt bei schwacher Hitze 1 Std. köcheln lassen.

Fertig!

Brathähnchen
mit Estragon

1 Hähnchen (1,2 kg)
50 g Butter
1 Bund Estragon

Für 4–5 in 1 Std. 10 Min.

• Den Backofen auf 200° vorheizen.

• Die Haut von Brust und Keulen des **Hähnchens** vorsichtig lösen und den **Estragon** und die **Butter** unter die Haut schieben. Das **Hähnchen** in eine Auflaufform legen, mit Salz und Pfeffer würzen, 200 ml Wasser angießen, die Form mit Backpapier abdecken und das **Hähnchen** 30 Min. im Ofen braten.

• Backpapier entfernen und 30 Min. weiterbraten, dabei das **Hähnchen** regelmäßig mit Bratensaft übergießen.

Fertig!

Baskisches Hähnchen
aus dem Schmortopf

1 Hähnchen (1,2 kg)

4 rote Paprikaschoten

4 süße Zwiebeln

2 Bouquets garnis
(mit Thymian und Lorbeerblättern)

1 EL Piment d'Espelette (Chilipulver)

4 EL Olivenöl

Für 4–5 in 1 Std. 10 Min.

• In einem gusseisernen Schmortopf das **Hähnchen** in 4 EL **Olivenöl** rundherum 3 Min. anbraten. Die fein gewürfelten **Zwiebeln**, die in Streifen geschnittenen **Paprikaschoten**, die **Bouquets garnis** und den **Piment d'Espelette** dazugeben und 100 ml Wasser angießen.

• Mit Salz und Pfeffer würzen und das **Hähnchen** zugedeckt bei mittlerer Hitze 1 Std. garen, dabei gelegentlich umrühren.

Fertig!

Hähnchenkeule

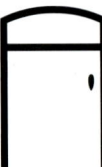

Curryhähnchen
mit Kokos und Basilikum

4 Hähnchenkeulen
400 ml Kokosmilch
2 EL Currypulver
1 Bund Basilikum

Für 4 in 50 Min.

- Den Backofen auf 200° vorheizen.
- Die **Kokosmilch** mit dem **Currypulver** verrühren, die **Basilikumblätter** abzupfen und unterrühren. Die **Hähnchenkeulen** nebeneinander in eine Auflaufform legen, mit der gewürzten **Kokosmilch** übergießen und alles mit Salz und Pfeffer würzen.
- Im vorgeheizten Ofen 45 Min. garen.

Fertig!

Hähnchenkeulen
in Cidre

4 Hähnchenkeulen

750 ml Cidre (Apfelwein)

200 g Sahne

2 Äpfel

Für 4 in 1 Std.

- Den Backofen auf 200° vorheizen.

- In einem Topf den **Cidre** und die **Sahne** verrühren und die Mischung bei schwacher Hitze 10 Min. unter Rühren mit dem Schneebesen einkochen lassen.

- Die **Hähnchenkeulen** und die in Spalten geschnittenen **Äpfel** in einer Auflaufform verteilen.

- Mit der eingekochten **Cidre-Sahne** übergießen, alles salzen und pfeffern und 45 Min. im vorgeheizten Ofen garen.

Fertig!

Hähnchenkeulen-
Tajine

4 Hähnchenkeulen

4 Zucchini

2 Zitronen

1 Glas entsteinte grüne Oliven (350 g)

2 EL Kreuzkümmelsamen

4 EL Olivenöl

Für 4 in 1 Std. 10 Min.

- Den Backofen auf 180° vorheizen.
- Die **Hähnchenkeulen** mit den quer in dicke Scheiben geschnittenen **Zucchini**, den **Kreuzkümmelsamen**, 4 EL **Olivenöl** und den **Oliven** samt ihrer Flüssigkeit in einer Auflaufform verteilen.
- Die **Zitronen** in Viertel schneiden, über den **Hähnchenkeulen** auspressen und die ausgepressten Zitronenviertel in die Form geben. Alles salzen und pfeffern.
- Im vorgeheizten Ofen 1 Std. garen.

Fertig!

Hähnchenkeulen
mit Pilzen und Speck

4 Hähnchenkeulen
250 g Champignons
150 g Speckwürfel
1 Bund Estragon
4 EL Öl

Für 4 in 45 Min.

• Den Backofen auf 180° vorheizen.

• Die **Hähnchenkeulen** nebeneinander in eine Auflaufform legen. Die in Scheiben geschnittenen **Champignons** und die **Speckwürfel** in der Form verteilen. 100 ml Wasser angießen und die Zutaten mit 4 EL **Öl** beträufeln.

• Alles mit Salz und Pfeffer würzen und im vorgeheizten Ofen 45 Min. garen.

• Mit dem abgezupften **Estragon** bestreuen.

Fertig!

Hähnchenkeulen
in Weißweinbrühe

4 Hähnchenkeulen (halbiert)

5 Tomaten

3 EL Senf

375 ml Weißwein

250 g kleine Champignons

2 EL Öl

Für 4 in 1 Std.

• In einem gusseisernen Schmortopf die halbierten **Hähnchenkeulen** in 2 EL **Öl** von beiden Seiten anbraten. Die **Champignons**, den **Weißwein**, den **Senf** und die in Würfel geschnittenen **Tomaten** dazugeben.

• Mit Salz und Pfeffer würzen und zugedeckt bei schwacher Hitze 45 Min. köcheln lassen, dabei hin und wieder umrühren.

Fertig!

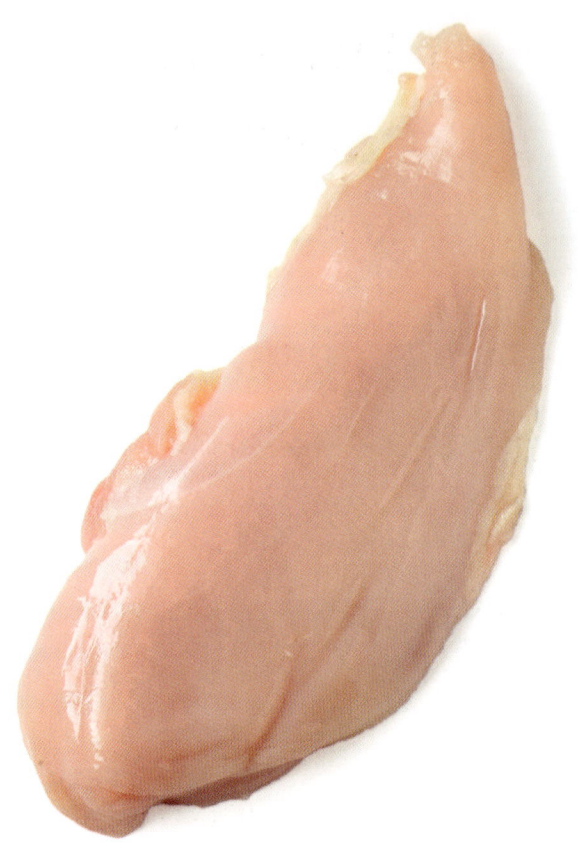

Hähnchenbrust

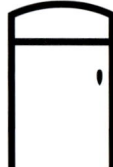

Cashewhähnchen
Seite 162

Hähnchennuggets
Seite 164

Knuspriger Salat mit Hähnchen und Estragon
Seite 166

Birnenhähnchen mit gebackenen Kürbisspalten
Seite 168

Hähnchensalat mit Ananas
Seite 170

Zitrushähnchen mit Rosmarin
Seite 172

Cashewhähnchen

4 Hähnchenbrustfilets (je 180 g)

200 g geröstete Cashewkerne

2 EL flüssiger Honig

1 Bund Koriandergrün

6 EL Sojasauce

3 EL Olivenöl

Für 4 in 15 Min.

- In einer Pfanne die in Stücke geschnittenen **Hähn-chenbrustfilets** in 3 EL **Olivenöl** rundherum anbraten.
- Die **Cashewkerne** dazugeben und 5 Min. anbräunen. Den **Honig** und die **Sojasauce** hinzufügen und 2 Min. unter Rühren köcheln lassen.
- Die Pfanne vom Herd nehmen und alles mit den in Streifen geschnittenen **Korianderblättern** bestreuen.

Fertig!

Hähnchennuggets

4 Hähnchenbrustfilets (je 180 g)
2 Eier
100 g Cornflakes
300 g griechischer Joghurt
2 EL Currypulver

Für 4 in 20 Min.

- Den Backofen auf 180° vorheizen.
- Die **Hähnchenbrustfilets** in Streifen schneiden. Zuerst durch die verquirlten **Eier** ziehen, dann in den zerbröselten **Cornflakes** wenden.
- Nebeneinander auf ein mit Backpapier belegtes Backblech geben, mit Salz und Pfeffer würzen und 15 Min. im vorgeheizten Ofen braten. Inzwischen den **Joghurt** mit dem **Currypulver** verrühren.
- Die Nuggets mit der Joghurtsauce anrichten.

Fertig!

Knuspriger Salat
mit Hähnchen und Estragon

4 Hähnchenbrustfilets (je 180 g)

2 EL getrockneter Estragon

150 g Kartoffelchips

150 g Rucola

6 EL Olivenöl

Für 4 in 10 Min.

- In einer Pfanne die in Stücke geschnittenen **Hähnchenbrustfilets** mit dem Estragon in 4 EL **Olivenöl** 5 Min. von allen Seiten anbraten.

- Kurz vor dem Servieren den **Rucola** mit den **Hähnchenstücken** samt dem Bratensaft und 2 EL **Olivenöl** vermischen, dann die **Chips** untermengen.

Fertig!

Birnenhähnchen
mit gebackenen Kürbisspalten

4 Hähnchenbrustfilets (je 180 g)
1 Hokkaido-Kürbis (1 kg)
12 dünne Scheiben Räucherspeck (200 g)
1 Birne
4 EL Öl

Für 4 in 35 Min.

- Den Backofen auf 200° vorheizen.
- Den **Kürbis** halbieren, entkernen und mit der Schale in schmale Spalten schneiden.
- Die in dünne Scheiben geschnittene **Birne** gleichmäßig auf den **Hähnchenbrustfilets** verteilen und die Brüste mit den **Speckscheiben** umwickeln.
- Alles auf zwei mit Backpapier belegte Backbleche geben, salzen, pfeffern und mit 4 EL **Öl** beträufeln.
- Im vorgeheizten Ofen 30 Min. garen.

Fertig!

Hähnchensalat
mit Ananas

4 Hähnchenbrustfilets (je 180 g)

1 Ananas

150 g Rucola

150 g griechischer Joghurt

1 EL Apfelessig

Für 4 in 20 Min.

• In einem Topf mit köchelndem Wasser die **Hähnchenbrustfilets** 15 Min. gar ziehen lassen. Herausnehmen und abkühlen lassen, anschließend in Stücke schneiden.

• Die **Ananas** schälen und das Fruchtfleisch in Würfel schneiden.

• Alle **Zutaten** in einer Schüssel vermischen und den Salat mit Salz und Pfeffer würzen.

Fertig!

Zitrushähnchen
mit Rosmarin

4 Hähnchenbrustfilets (je 180 g)
2 Bio-Limetten
1 Kugel Mozzarella
4 Zweige Rosmarin
2 EL Olivenöl

Für 4 in 30 Min.

- Den Backofen auf 180° vorheizen.
- Die **Hähnchenbrustfilets** nebeneinander in eine Auflaufform legen und darauf den in große Stücke geschnittenen **Mozzarella**, die dünnen Scheiben von 1 **Limette**, die **Rosmarinzweige** und die fein geriebene Schale und den Saft der zweiten **Limette** verteilen.
- Mit Salz und Pfeffer würzen, mit 2 EL **Olivenöl** beträufeln und 30 Min. im Ofen garen.

Fertig!

Entenbrust

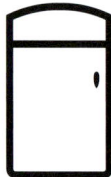

Entenbrust mit Ingwer und Basilikum
Seite 176

Entenbrust mit Heidelbeeren
Seite 178

Entenbrust mit Pfeffer und Basilikum
Seite 180

Entenbrust mit Orange und Kreuzkümmel
Seite 182

Entenbrust
mit Ingwer und Basilikum

2 Entenbrüste (je 200 g)
1 Bund Basilikum
150 g Ingwer
8 EL Sojasauce

Für 4 in 10 Min.

• Die **Entenbrüste** mit der Haut quer in dünne Scheiben schneiden. In einer sehr heißen Pfanne zusammen mit dem geschälten und geriebenen **Ingwer** rundherum 2 Min. anbraten.

• Die **Sojasauce** dazugeben und 1 Min. unter Rühren köcheln lassen.

• Die Pfanne vom Herd nehmen, die **Entenbrüste** mit den abgezupften **Basilikumblättern** bestreuen und mit Pfeffer würzen.

Fertig!

Entenbrust
mit Heidelbeeren

2 Entenbrüste (je 200 g)
250 g Heidelbeeren
8 EL Sojasauce

Für 4 in 10 Min.

• In einer sehr heißen Pfanne die **Entenbrüste** mit der Hautseite nach unten 5 Min. anbraten. Mit Salz und Pfeffer würzen, wenden und 1 Min. weiterbraten. Auf einem Teller beiseitestellen.

• Von dem Fett in der Pfanne ¾ abgießen, die **Heidel-beeren** und die **Sojasauce** in die Pfanne geben und 20 Sek. köcheln lassen.

• Die quer in Scheiben geschnittenen **Entenbrüste** mit den **Heidelbeeren** und der Sauce anrichten.

Fertig!

Entenbrust
mit Pfeffer und Basilikum

2 Entenbrüste (je 200 g)

3 EL grob gemahlene schwarze Pfefferkörner

1 Bund Basilikum

10 EL süße Sojasauce

Für 4 in 20 Min.

• Die **Entenbrüste** auf der Fleischseite mit dem **Pfeffer** würzen und in einer Pfanne auf der Hautseite bei mittlerer Hitze 5 Min. anbraten. Wenden und 2 Min. weiterbraten. Auf einem Teller beiseitestellen.

• Von dem Fett in der Pfanne ¾ abgießen, die **Sojasauce** und die abgezupften **Basilikumblätter** in die Pfanne geben und 20 Sek. köcheln lassen.

• Die quer in Scheiben geschnittenen **Entenbrüste** mit der Sauce anrichten.

Fertig!

Entenbrust
mit Orange und Kreuzkümmel

2 Entenbrüste (je 200 g)

6 Bio-Orangen

2 EL Kreuzkümmelsamen

6 EL Aceto balsamico

Für 4 in 20 Min.

- In einer Pfanne die **Entenbrüste** auf der Hautseite bei mittlerer Hitze 5 Min. anbraten.

- Wenden und 2 Min. weiterbraten. Auf einem Teller beiseitestellen. Von dem Fett in der Pfanne ¾ abgießen, den **Aceto balsamico**, den **Kreuzkümmel**, die abgeriebene Schale und den Saft der **Orangen** in die Pfanne geben und auf die Hälfte einkochen lassen.

- Die quer in Scheiben geschnittenen **Entenbrüste** mit der Sauce anrichten.

Fertig!

Lachsfilet

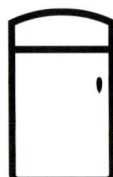

Lachs à la Tahiti

4 Lachsfilets ohne Haut (je 150 g)
200 ml Kokosmilch
4 Limetten
2 Bund Koriandergrün
¼ Salatgurke

Für 4 in 20 Min.

- Die **Lachsfilets** in Würfel schneiden und mit dem Saft der **Limetten**, der in Scheiben geschnittenen **Gurke** und der **Kokosmilch** mischen.
- Mit Salz und Pfeffer würzen und an einem kühlen Ort 15 Min. marinieren.
- Mit den abgezupften **Korianderblättern** bestreuen.

Fertig!

Glasierter Lachs
auf Spinat

4 Lachsfilets (je 150 g)
800 g frischer Blattspinat
(oder 400 g TK-Blattspinat)
10 EL Aceto balsamico
15 EL süße Sojasauce
2 EL Öl

Für 4 in 10 Min.

- Den Backofen auf 200° vorheizen.
- Den **Essig** und die **Sojasauce** in einem Topf verrühren und 20 Sek. köcheln lassen. Die **Lachsfilets** nebeneinander in eine Auflaufform legen, mit der Essig-Sojasauce überziehen und 5 Min. im Ofen garen, dabei zweimal mit der Sauce begießen. Den entstielten und gewaschenen **Spinat** in einer großen Pfanne in 2 EL **Öl** unter Rühren 2 Min. andünsten, salzen und pfeffern.
- Mit dem **Lachs** und der Sauce anrichten.

Fertig!

Lachsspieße
mit Zucchini und Rosmarin

4 Lachsfilets ohne Haut (je 150 g)

8 Zweige Rosmarin

1 großer Zucchino

2 EL Sojasauce

2 EL Olivenöl

Für 4 in 20 Min.

- Den Backofen auf 180° vorheizen.

- Mit einem Sparschäler von dem **Zucchino** breite Streifen abziehen. Die **Lachsfilets** jeweils in 4 Stücke schneiden und mit den **Zucchinostreifen** umwickeln.

- Auf jeden **Rosmarinzweig** 2 umwickelte Lachs-stücke stecken. Mit Salz und Pfeffer würzen und 10 Min. im Ofen braten.

- Die Spieße mit der **Sojasauce** und dem **Olivenöl** beträufeln.

Fertig!

Knuspriger Lachs
im Sesammantel

4 Lachsfilets ohne Haut (je 150 g)
200 g dünne Reisnudeln (Vermicelli)
8 EL heller Sesam
10 EL süße Sojasauce
1 Zitrone
4 EL Öl

Für 4 in 15 Min.

- Den Backofen auf 200° vorheizen.
- Die **Reisnudeln** 5 Min. in lauwarmem Wasser einweichen. Abgießen und abtropfen lassen, anschließend in einer Auflaufform mit 5 EL **Sojasauce** und 4 EL **Öl** vermischen und 5 Min. im vorgeheizten Ofen garen.
- Die halbierten **Lachsfilets** im **Sesam** panieren. Auf die **Reisnudeln** legen und die Form für weitere 5 Min. in den Ofen schieben. Mit **Zitronenspalten** und der restlichen **Sojasauce** anrichten.

Fertig!

Lachscarpaccio
auf Blätterteig

4 Lachsfilets ohne Haut (je 150 g)
1 runder Blätterteig (Kühlregal)
300 g griechischer Joghurt
1 Zitrone
1 Bund Schnittlauch
4 EL Olivenöl

Für 4 in 30 Min.

• Den Backofen auf 200° vorheizen. Den **Blätterteig** mit dem Backpapier auf einem Backblech entrollen, den **Joghurt** darauf verstreichen, den Teigrand nach innen falten und den Teig 25 Min. im Ofen backen.

• Inzwischen die **Lachsfilets** quer in dünne Scheiben schneiden und 10 Min. in dem mit **Schnittlauchröll-chen** und 4 EL **Olivenöl** vermischten Saft der **Zitrone** marinieren. Mit der Marinade auf dem gebackenen Blätterteig anrichten und mit Salz und Pfeffer würzen.

Fertig!

Lachsfilets
mit Currykruste

4 Lachsfilets ohne Haut (je 150 g)
200 ml Kokosmilch
1 Bund Basilikum
2 EL Currypulver

Für 4 in 15 Min.

- Den Backofen auf 200° vorheizen.
- Die **Lachsfilets** in dem **Currypulver** panieren.
- Die **Kokosmilch** und die abgezupften **Basilikum-blätter** in eine Auflaufform geben, die **Lachsfilets** einlegen, mit Salz und Pfeffer würzen und 10 Min. im vorgeheizten Ofen garen.
- Die Form aus dem Ofen nehmen und die **Lachsfilets** mit der Kokos-Basilikum-Sauce beträufeln.

Fertig!

Graved Lachs
mit Dill

4 Lachsfilets ohne Haut (je 150 g)
2 Bund Dill
400 g grobes Meersalz (am besten franz. Sel gris)
300 g Puderzucker
2 EL Olivenöl

Für 4 in 4 Std.

• Das **Meersalz** mit dem **Puderzucker** und 1 Bund samt Stielen fein geschnittenem **Dill** mischen und darin die **Lachsfilets** an einem kühlen Ort 4 Std. beizen.

• Die **Lachsfilets** abbrausen, der Länge nach in feine Scheiben schneiden und auf Tellern anrichten.

• Mit Pfeffer würzen, mit den fein geschnittenen Spitzen von dem zweiten Bund **Dill** bestreuen und zuletzt noch mit 2 EL **Olivenöl** beträufeln.

Fertig!

Lachs
in Sauerampfersahne

4 Lachsfilets ohne Haut (je 150 g)
2 Bund Sauerampfer
50 g Butter
330 g Sahne

Für 4 in 25 Min.

- Den Backofen auf 180° vorheizen.
- Den **Sauerampfer** waschen und fein schneiden, anschließend in einer Pfanne 2 Min. in der **Butter** andünsten. Die **Sahne** zugießen und bei schwacher Hitze 8 Min. köcheln lassen. Mit Salz und Pfeffer würzen.
- Die **Lachsfilets** nebeneinander in eine Auflaufform legen und mit der Sauerampfersahne übergießen.
- Im vorgeheizten Ofen 15 Min. garen.

Fertig!

Kabeljaufilet

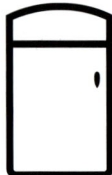

Kabeljau en papillote
mit Tomate und Senf

4 Kabeljaurückenfilets (je 150 g)
1 Tomate
4 Stängel Estragon
4 EL körniger Senf

Für 4 in 20 Min.

• Den Backofen auf 200° vorheizen.

• Die **Kabeljaufilets** mit je 1 Scheibe **Tomate**, 1 EL **Senf** und den abgezupften Blättern von je 1 Stängel **Estragon** jeweils auf ein ausreichend großes Stück Backpapier legen, salzen und pfeffern. Das Papier über der Füllung zusammenfalten und die Päckchen (z. B. mit Küchengarn) verschließen.

• Im vorgeheizten Ofen 15 Min. garen.

Fertig!

Kräuterkabeljau
in Clementinensauce

4 Kabeljaurückenfilets (je 150 g)

3 Clementinen

1 Bund Basilikum

1 Bund Koriandergrün

4 EL Sojasauce

2 EL Olivenöl

Für 4 in 10 Min.

- Den Backofen auf 200° vorheizen.
- Die **Kabeljaufilets** nebeneinander in eine Auflaufform legen und im Ofen 5 Min. garen. Den Saft der **Clementinen** mit der **Sojasauce** und 2 EL **Olivenöl** verrühren. Die Clementinensauce mit den fein geschnittenen **Kräutern** über die Fischfilets geben.

Fertig!

Kabeljau mit Avocado
gewürfelt und mariniert

2 Kabeljaurückenfilets (je 150 g)
4 kleine Avocados (schön reif)
2 Zitronen
1 Bund Schnittlauch
4 EL Olivenöl

Für 4 in 10 Min.

• Die **Avocados** der Länge nach halbieren, entsteinen, das Fruchfleisch herauslösen und in Würfel schneiden. Die **Kabeljaufilets** ebenfalls würfeln.

• Beides mit dem Saft der **Zitronen**, dem in Röllchen geschnittenen **Schnittlauch** und 4 EL **Olivenöl** vermischen und mit Salz und Pfeffer würzen.

• Die **Avocadoschalen** damit füllen und 5 Min. marinieren lassen.

Fertig!

Chorizokabeljau
mit Kokos und weißen Bohnen

4 Kabeljaurückenfilets (je 150 g)

1 große Dose weiße Bohnen
(480 g Abtropfgewicht)

200 ml Kokosmilch

12 Scheiben Chorizo (80 g)

4 EL Thymian (frisch oder getrocknet)

Für 4 in 7 Min.

• Den Backofen auf 200° vorheizen.

• Die **Kabeljaufilets** mit den klein geschnittenen **Chorizoscheiben** belegen und in einer Auflaufform 5 Min. im vorgeheizten Ofen garen.

• Inzwischen in einer Pfanne die **Kokosmilch** mit dem **Thymian** und den abgebrausten und abgetropften **Bohnen** 2 Min. erhitzen.

• Den **Kabeljau** auf den **Bohnen** anrichten und alles mit Salz und Pfeffer würzen.

Fertig!

Knuspriger Kabeljau
mit Oregano

4 Kabeljaurückenfilets (je 150 g)
100 g Cornflakes
1 EL getrockneter Oregano
4 EL Ketchup
2 Eier

Für 4 in 15 Min.

• Den Backofen auf 200° vorheizen.

• Die **Cornflakes** zerbröseln und mit dem **Oregano** mischen. Die in mundgerechte Stücke geschnittenen **Kabeljaufilets** zuerst durch die verquirlten **Eier** ziehen, dann in den **Cornflakes** wenden. Nebeneinander auf ein mit Backpapier belegtes Backblech geben und 10 Min. im vorgeheizten Ofen garen.

• Mit Salz und Pfeffer würzen und mit dem **Ketchup** anrichten.

Fertig!

Kabeljau
auf provenzalische Art

4 Kabeljaurückenfilets (je 150 g)

1 Dose gehackte Tomaten (400 g)

6 Knoblauchzehen

2 EL Thymian (frisch oder getrocknet)

4 EL Olivenöl

Für 4 in 15 Min.

- Den Backofen auf 200° vorheizen.

- In einer Pfanne die fein gewürfelten **Knoblauch-zehen** und den **Thymian** in 4 EL **Olivenöl** 30 Sek. andünsten. Die **gehackten Tomaten** dazugeben und 2 Min. köcheln lassen. Mit Salz und Pfeffer würzen.

- Die **Kabeljaufilets** nebeneinander in eine Auflaufform legen, mit der Tomatensauce übergießen und 10 Min. im vorgeheizten Ofen garen.

Fertig!

Garnelen

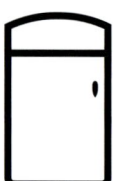

Gebratene Garnelen in Knoblauch und Basilikum
Seite 218

Garnelensalat mit Mango
Seite 220

Gebratener Reis mit Garnelen und Zitronengras
Seite 222

Pad Thai mit Garnelen
Seite 224

Garnelenpizza mit Curry und Koriander
Seite 226

Gebratene Garnelen
in Knoblauch und Basilikum

20 gekochte Garnelen (mit Kopf und Schale)
1 Bund Basilikum
4 EL süße Sojasauce
2 EL Knoblauchpulver
2 EL Öl

Für 4 in 10 Min.

• Die **Garnelen** schälen und 5 Min. in der mit dem **Knoblauchpulver** und 2 EL **Öl** verrührten **Soja-sauce** marinieren.

• In einer Pfanne die **Garnelen** mitsamt der Marinade 1 Min. unter Rühren erhitzen.

• Die Pfanne vom Herd nehmen und die abgezupften **Basilikumblätter** untermischen.

Fertig!

Garnelensalat
mit Mango

20 gekochte Garnelen (mit Kopf und Schale)
100 g Rucola
1 Mango
80 g Krabbenchips
4 EL Olivenöl

Für 4 in 5 Min.

• Die **Garnelen** schälen. Die **Mango** ebenfalls schälen, den Stein entfernen und das Fruchtfleisch in Würfel schneiden. Mit dem **Rucola**, den **Garnelen** und 4 EL **Olivenöl** mischen und mit Salz und Pfeffer würzen.

• Kurz vor dem Servieren die in kleinere Stücke gebrochenen **Krabbenchips** untermischen.

Fertig!

Gebratener Reis
mit Garnelen und Zitronengras

20 gekochte Garnelen (mit Kopf und Schale)

200 g Basmatireis

3 Stängel Zitronengras

4 Eier

1 kleine Dose Tomatenmark (70 g)

6 EL Olivenöl

Für 4 in 15 Min.

• In einer Pfanne den **Basmatireis** mit dem fein gehackten **Zitronengras** in 6 EL **Olivenöl** 2 Min. anbraten, dabei gelegentlich umrühren.

• 300 ml Wasser zugießen, das **Tomatenmark** einrühren, salzen, pfeffern und alles 12 Min. köcheln lassen, dabei zweimal umrühren.

• Die verquirlten **Eier** und die geschälten **Garnelen** zufügen. Bei starker Hitze unter Rühren 2 Min. garen.

Fertig!

Pad Thai
mit Garnelen

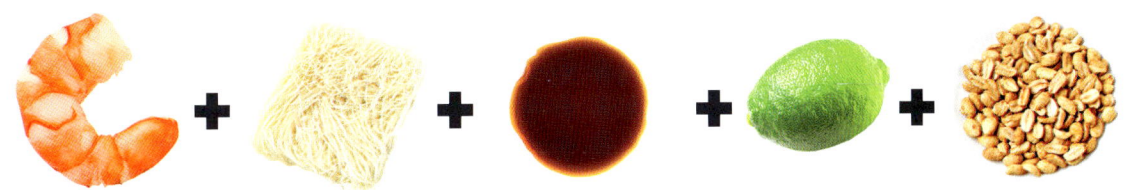

20 gekochte Garnelen (mit Kopf und Schale)

200 g dünne Reisnudeln (Vermicelli)

10 EL süße Sojasauce

1 Limette

150 g geröstete Erdnusskerne

4 EL Öl

Für 4 in 10 Min.

• Die **Reisnudeln** 5 Min. in lauwarmem Wasser einweichen. Abgießen und abtropfen lassen, anschließend in einer Pfanne in 4 EL **Öl** zusammen mit den geschälten **Garnelen**, den gehackten **Erdnüssen** und 5 EL **Sojasauce** unter Rühren 3 Min. braten.

• Mit Salz und Pfeffer würzen und mit der restlichen **Sojasauce** und **Limettenvierteln** anrichten.

Fertig!

Garnelenpizza
mit Curry und Koriander

12 große oder 24 kleine gekochte Garnelen
(mit Kopf und Schale)
1 runder Pizzateig (Kühlregal)
300 g griechischer Joghurt
2 EL Currypulver
2 Bund Koriandergrün
4 EL Olivenöl

Für 4 in 20 Min.

- Den Backofen auf 200° vorheizen.
- Den **Pizzateig** mit dem Backpapier auf einem Backblech entrollen und den mit **Currypulver** und 2 EL **Olivenöl** verrührten **griechischen Joghurt** darauf verstreichen. Mit Salz und Pfeffer würzen.
- Im vorgeheizten Ofen 20 Min. backen. Herausnehmen, die geschälten **Garnelen** und die abgezupften **Korianderblätter** auf der Pizza verteilen und alles mit 2 EL **Olivenöl** beträufeln.

Fertig!

Jakobsmuscheln

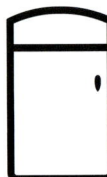

Jakobsmuscheln mariniert mit Grapefruit und Dill
Seite 230

Thai-Brühe mit Jakobsmuscheln
Seite 232

Jakobsmuschel-Risotto mit Safran
Seite 234

Jakobsmuscheln in Sahne mit Pilzen und Schinken
Seite 236

Jakobsmuschel-Pasta mit Curry und Basilikum
Seite 238

Jakobsmuscheln
mariniert mit Grapefruit und Dill

20 große Jakobsmuscheln (ohne die Corails)
1 Pink Grapefruit
1 EL Sojasauce
1 Bund Dill
2 EL Olivenöl

Für 4 in 15 Min.

• Das Muschelfleisch der **Jakobsmuscheln** jeweils in 4 dünne Scheiben schneiden und in dem mit **Soja-sauce** und 2 EL **Olivenöl** verrührten Saft der **Grape-fruit** 10 Min. marinieren.

• Die Jakobsmuscheln mit der Marinade auf Tellern anrichten, mit dem fein geschnittenen **Dill** bestreuen und mit Salz und Pfeffer würzen.

Fertig!

Thai-Brühe
mit Jakobsmuscheln

20 Jakobsmuscheln (mit den Corails)
2 Bund Basilikum
3 Stängel Zitronengras
400 ml Kokosmilch

Für 4 in 7 Min.

• Das Muschelfleisch der **Jakobsmuscheln**, die **Kokosmilch** und das in feine Ringe geschnittene **Zitronengras** mit 200 ml Wasser in einen Topf geben.

• Bei mittlerer Hitz unter Rühren 5 Min. köcheln lassen, anschließend mit Salz und Pfeffer würzen.

• Den Topf vom Herd nehmen und die abgezupften **Basilikumblätter** 2 Min. in der Brühe ziehen lassen.

Fertig!

Jakobsmuschel-Risotto
mit Safran

16 kleine Jakobsmuscheln (mit den Corails)

300 g Risottoreis (z. B. Arborio)

300 ml Weißwein

1 Hühnerbrühwürfel

2 Döschen gemahlener Safran (je 0,1 g)

2 EL Olivenöl

Für 4 in 20 Min.

• In einen Topf 500 ml Wasser gießen, den **Reis**, den zerbröckelten **Brühwürfel**, den **Safran** und den **Weißwein** hinzufügen.

• Alles bei schwacher Hitze 15 Min. unter Rühren köcheln lassen.

• Das Muschelfleisch der **Jakobsmuscheln** dazugeben und alles weitere 5 Min. unter Rühren garen. 2 EL **Olivenöl** untermischen, salzen und pfeffern.

Fertig!

Jakobsmuscheln
in Sahne mit Pilzen und Schinken

20 Jakobsmuscheln (mit den Corails)

200 g Sahne

80 g roher Schinken

250 g Champignons

4 EL Öl

Für 4 in 5 Min.

• In einer Pfanne die in Stücke geschnittenen **Champignons** und den klein geschnittenen **Schinken** in 4 EL **Öl** 2 Min. anbraten.

• Das Muschelfleisch der **Jakobsmuscheln** dazugeben und unter Rühren 3 Min. mitgaren.

• Mit Salz und Pfeffer würzen, die Pfanne vom Herd nehmen und die **Sahne** einrühren.

Fertig!

Jakobsmuschel-Pasta
mit Curry und Basilikum

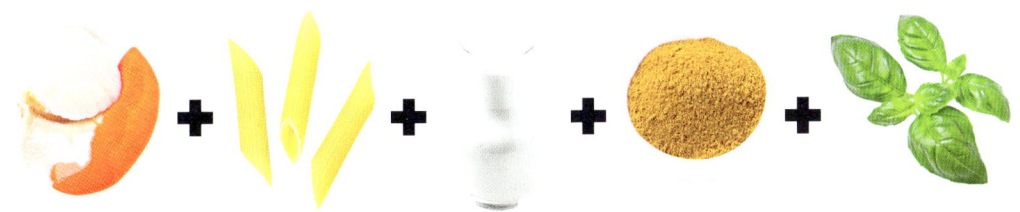

16 kleine Jakobsmuscheln (mit den Corails)
350 g Penne (oder andere kurze Nudeln)
330 g Sahne
2 EL Currypulver
1 Bund Basilikum
1 EL Öl

Für 4 in 10 Min.

• Die **Nudeln** nach Packungsanweisung in kochendem Salzwasser garen. Inzwischen in einer Pfanne das Muschelfleisch der **Jakobsmuscheln** in 1 EL **Öl** 1 Min. anbraten. Die **Sahne** und das **Currypulver** einrühren und bei schwacher Hitze 2 Min. köcheln lassen.

• Die **Nudeln** abseihen, zur Sauce in die Pfanne geben, durchmischen und 30 Sek. erhitzen.

• Vom Herd nehmen, die abgezupften **Basilikumblätter** untermischen und mit Salz und Pfeffer würzen.

Fertig!

Geräucherter Lachs

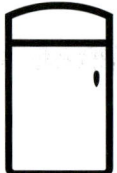

Geräucherter Lachs mit Melone und Minze

Seite 242

Guacamole mit geräuchertem Lachs

Seite 244

Kartoffeln mit geräuchertem Lachs

Seite 246

Carbonara mit geräuchertem Lachs

Seite 248

Lachspizza mit Frischkäse und Schnittlauch

Seite 250

Geräucherter Lachs
mit Melone und Minze

4 Scheiben geräucherter Lachs

2 Cantaloupe-Melonen

1 Bund Minze

1 Limette

2 EL süße Sojasauce

4 EL Olivenöl

Für 4 in 10 Min.

• Die **Melonen** jeweils vierteln, entkernen und schälen, das Fruchtfleisch in mundgerechte Würfel schneiden und mit dem in Stücke geschnittenen **Räucherlachs** und den abgezupften **Minzblättern** vermischen.

• Mit Salz und Pfeffer würzen, 4 EL **Olivenöl** und die **Sojasauce** untermischen.

• Den Salat 2 Min. ziehen lassen, dann mit **Limetten-vierteln** garnieren.

Fertig!

Guacamole
mit geräuchertem Lachs

4 Scheiben geräucherter Lachs

3 Avocados

100 g Tortillachips

2 Zitronen

Für 4 in 5 Min.

• Die **Avocados** halbieren, entsteinen, das Fruchtfleisch herauslösen und zusammen mit dem Saft der **Zitronen** mit einer Gabel zerdrücken. Mit Salz und Pfeffer würzen.

• Den **Räucherlachs** in kleine Stücke schneiden und mit den **Tortillachips** auf der Guacamole anrichten.

Fertig!

Kartoffeln
mit geräuchertem Lachs

4 Scheiben geräucherter Lachs

4 große mehligkochende Kartoffeln

1 Bund Minze

600 g griechischer Joghurt

Für 4 in 40 Min.

- Die **Kartoffeln** in kochendem Salzwasser in 25–30 Min. weich garen.
- Den **griechischen Joghurt** mit der fein geschnittenen **Minze** und dem in kleine Stücke geschnittenen **Räucherlachs** vermischen, salzen und pfeffern.
- Die heißen **Kartoffeln** längs auf-, aber nicht durchschneiden, darauf den Lachsjoghurt geben und mit Salz und Pfeffer würzen.

Fertig!

Carbonara
mit geräuchertem Lachs

4 Scheiben geräucherter Lachs

350 g Spaghetti (oder andere lange Nudeln)

50 g geriebener Parmesan

330 g Sahne

4 sehr frische Eigelb

Für 4 in 10 Min.

- Die **Nudeln** nach Packungsanweisung in kochendem Salzwasser garen. Abseihen und in eine Pfanne geben.

- Die **Sahne** und den **Parmesan** unter die **Nudeln** mengen und alles 1 Min. erhitzen.

- Den in Streifen geschnittenen **Räucherlachs** dazugeben, salzen, pfeffern und durchmischen. Auf Tellern mit je 1 **Eigelb** anrichten.

Fertig!

Lachspizza
mit Frischkäse und Schnittlauch

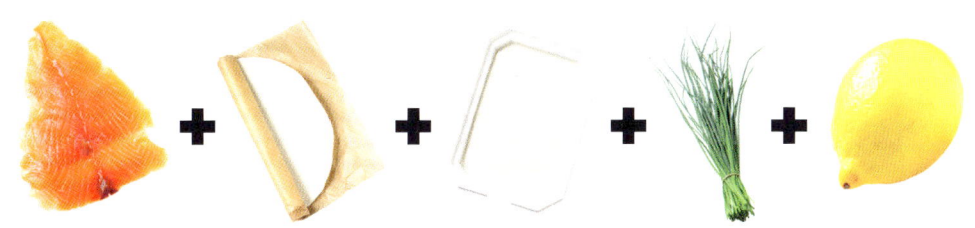

4 Scheiben geräucherter Lachs
1 runder Pizzateig (Kühlregal)
150 g Frischkäse
2 Bund Schnittlauch
3 Zitronen
4 EL Olivenöl

Für 4 in 20 Min.

• Den Backofen auf 200° vorheizen.

• Den **Pizzateig** mit dem Backpapier auf einem Back-blech entrollen. Den **Frischkäse** mit dem in Röllchen geschnittenen **Schnittlauch**, dem Saft von 2 **Zitronen** und 4 EL **Olivenöl** verrühren, salzen und pfeffern.

• Auf dem **Pizzateig** verstreichen und den Teig 20 Min. im vorgeheizten Ofen backen. Den **Räucherlachs** auf der gebackenen Pizza anrichten und mit der in Viertel geschnittenen restlichen **Zitrone** garnieren.

Fertig!

Inhalt

Rinderkotelett

Rinderkotelett mit Kräutern **S.50**
Rinderkotelett mit Tomaten **S.52**
Rinderkotelett unter der Würzkruste **S.54**
Rinderkotelett mit leichter Sauce béarnaise **S.56**

———

Lammkeule

Lammkeulen-Tajine **S.60**
Würzige Lammkeule aus der Salzkruste **S.62**
Lammkeule mit knuspriger Petersilienpanade **S.64**

———

Lammkotelett

Lammkoteletts auf orientalische Art **S.68**
Lammkoteletts auf dem Kartoffelbett **S.70**
Lammkoteletts mit Pfeffer und Minze **S.72**
Lammkoteletts mit Currymandeln **S.74**

———

Schweinebraten

Schweinebraten in Milch geschmort **S.78**
Schweinebraten mit Raclettekäse und Gürkchen **S.80**
Schweinebraten mit Honig und Gewürzen **S.82**

———

Schweinekotelett

Schweinekoteletts in Tomaten-Gurken-Sauce **S.86**
Gebratener Reis mit Schweinefleisch und Ingwer **S.88**
Schweinekoteletts in Senfsauce **S.90**
Schweinekoteletts karamellisiert **S.92**
Schweinekoteletts süßsauer **S.94**

———

Würste

Nudeln mit Würstchen **S.98**
Würste mit Ingwer und Sesam **S.100**
Blätterteig mit Äpfeln und Würsten **S.102**
Gefüllte Auberginen mit Würstchen **S.104**
Wurstcurry mit Zucchini **S.106**

———

Schinken

Schnitzel

Ganzes Hähnchen

Hähnchenkeule

Hähnchenbrust

Entenbrust

———

Lachsfilet

———

Kabeljaufilet

———

Garnelen

———

Jakobsmuscheln

———

Geräucherter Lachs

———

Ich danke meiner Assistentin Marie Noblet,
die an der Realisierung dieses Buches mitgewirkt hat,
für ihre Energie und ihr Engagement.

Die Originalausgabe ist 2020 unter dem Titel „Mon Frigo Parfait"
bei Hachette-Livre (Hachette Pratique) in Frankreich erschienen.

Mon Frigo Parfait, © Hachette-Livre (Hachette Pratique) 2020
www.hachette-pratique.com
58, rue Jean Bleuzen – 92178 Vanves Cedex

Text: Jean-François Mallet
Fotografie: Nord Compo
Gesamtgestaltung: Marie-Paule Jaulme

Umschlaggestaltung: ki36, Sabine Krohberger, München

Copyright der deutschen Übersetzung
© 2021 GRÄFE UND UNZER Verlag GmbH, München.

Übersetzung aus dem Französischen:
Martin Waller, Werkstatt München

Projektleitung: Melanie Loser
Lektorat und Redaktion: Karen Dengler, Werkstatt München
Satz: Anja Dengler, Werkstatt München
Herstellung: Markus Plötz

1. Auflage 2021
ISBN 978-3-8338-8033-9

Ein Unternehmen der
GANSKE VERLAGSGRUPPE

 www.facebook.com/gu.verlag

QUALITÄTS
GARANTIE
G|U

LIEBE LESERINNEN UND LESER,

wir wollen Ihnen mit diesem Buch
Informationen und Anregungen
geben, um Ihnen das Leben zu
erleichtern oder Sie zu inspirieren,
Neues auszuprobieren. Wir achten
bei der Erstellung unserer Bücher auf
Aktualität und stellen höchste Ansprü-
che an Inhalt und Gestaltung. Alle
Anleitungen und Rezepte werden von
unseren Autoren, jeweils Experten auf
ihren Gebieten, gewissenhaft erstellt
und von unseren Redakteur*innen
mit größter Sorgfalt ausgewählt und
geprüft.

Haben wir Ihre Erwartungen erfüllt?
Sind Sie mit diesem Buch und seinen
Inhalten zufrieden? Wir freuen uns
auf Ihre Rückmeldung. Und wir freuen
uns, wenn Sie diesen Titel weiteremp-
fehlen, in Ihrem Freundeskreis oder
bei Ihrem Online-Kauf.

Sollten wir Ihre Erwartungen so
gar nicht erfüllt haben, tauschen wir
Ihnen Ihr Buch jederzeit gegen ein
gleichwertiges zum gleichen oder
ähnlichen Thema um.

KONTAKT ZUM LESERSERVICE

GRÄFE UND UNZER VERLAG
Grillparzerstraße 12
81675 München
www.gu.de